紫砂壶

鉴定与选购
从新手到行家

沈 泓 · 著

文化发展出版社
Cultural Development Press

·北京·

本书要点速查导读

01 了解紫砂壶的历史文化

紫砂壶的文化源头 / 10～12
唐宋时期的紫砂壶 / 12～13
明代的紫砂壶 / 13～22
清代的紫砂壶 / 23～32
民国的紫砂壶 / 33～34
新中国的紫砂壶 / 35～39

02 熟悉紫砂壶的产地和种类

紫砂壶材料的产地 / 40～43
紫砂壶泥料的特点 / 43～45
紫砂泥的色彩种类与特征 / 45～48

03 认识当代紫砂壶艺术家

认识当代紫砂壶艺术家 / 49～65

04 认识紫砂壶的价值

文化价值 / 66～71
实用价值 / 72
工艺价值 / 73
审美价值 / 73～74
资源价值 / 74～76
投资价值 / 76～79
紫砂壶的价值误区 / 79～80

05 学会紫砂壶的鉴定

紫砂壶的赝品及其鉴定 / 82～90
如何鉴定紫砂壶的优劣 / 90～92
如何鉴赏紫砂壶 / 93～112

行家

09 紫砂壶如何保养

查壶 / 163～164
开壶 / 164～165
养壶 / 165～166
保养要留意的细节 / 166～168
保养的误区 / 169～170

08 如何收藏投资紫砂壶

青年陶艺家作品的投资技巧 / 147～149
现代工艺大师作品的投资技巧 / 149～151
当代名家作品的投资技巧 / 151～152
古代名家作品的投资技巧 / 152～155
无名氏壶的投资技巧 / 155～156
名家书画壶的投资技巧 / 156～162

07 紫砂壶的收藏技巧

"一手壶"的收藏技巧 / 128～131
"曼生壶"收藏技巧 / 132～139
"文革壶"的收藏技巧 / 139～144
"革命壶"收藏技巧 / 144～145

06 紫砂壶的收藏市场解析

紫砂壶市场的行情特点 / 115～117
紫砂壶的拍卖市场 / 117～123
普通壶和名人壶的差距 / 124～125
当代大师作品的市场价值 / 126

前言

誉满全球的历史学家汤恩比曾经预言未来世界的格局时说道:"19世纪是英国人的世纪,20世纪是美国人的世纪,21世纪是中国人的世纪。"这一预言轰动了全世界,由此产生的争论更是异常热烈,发人深思……

中国是世界上文明发源最早的国家之一,也是世界文明发展进程中唯一没有出现过中断的国家,在人类发展漫长的历史长河中,创造了光辉灿烂的古代文化。尽管这些文化遗产经历了难以计数的天灾和人祸,历尽了人世间的沧海桑田,但仍旧遗留下来无数的艺术珍品。这些珍品都是我国古代先民们勤劳智慧的结晶,是中华民族的无价之宝,是中华民族高度文明的历史见证,更是中华民族千年文明的承载。

同时,中国的历史文物和艺术品,是世界文化的精髓,是人类历史的宝贵的物质资料,反映了中华民族的光辉传统、精湛工艺和发达的科学技术,对后人有极大的感召力,并能够使我们从中受到鼓舞,得到启迪,从而更加热爱我们伟大的祖国。

俗话说:"乱世多饥民,盛世多收藏。"改革开放给中国人民的物质生活带来了全面振兴,更使中国艺术品投资市场日见红火,且急遽升温,如今可以说火爆异常。艺术品投资确实存在着巨大的利润空间，这个空间让所有人闻之而心动不已。于是乎，许多有投资远见的实体与个体（无论财富多寡）纷纷加盟艺术品投资市场，成为艺术品收藏的强劲之旅，艺术品投资市场也因此而充满了勃勃生机。

艺术有价，且利润空间巨大，艺术品确实值得投资！然而，造假最凶的、伪品泛滥最严重的领域也当属艺术品投资市场。可以这样说：艺术品投资的首要问题不是艺术品目前价格与未来利益问题，而应该说是真伪问题，或者更确切地说是如何识别真伪的问题！如果真伪问题确定不了，艺术品的价值与价格就无从谈起。

本书是综合性的艺术品鉴赏与投资的普及读物，收录了目前艺术品收藏市场中很活跃，也很有潜力的投资品种——紫砂壶，书中讲述了紫砂壶的起源和发展、收藏市场现状、鉴别特征、收藏技巧、投资技巧与保养技巧等内容，以便读者能够真正系统、全面地掌握紫砂壶收藏与投资的知识。在向广大读者展现中国紫砂文化博大精深的同时，也向广大读者介绍了众多的紫砂壶鉴赏方法和技巧，使读者能够以图识壶，是一本鉴赏、收藏和研究紫砂壶不可缺少的工具书。

本书适合广大艺术品收藏爱好者，国内外各类型的拍卖公司、文物公司（商店）的从业人员和具有中等文化程度以上的一般读者，同时也适用于广大中学、大学历史教师和学生学习参考使用，也是各级各类图书馆和相关院校的图书馆装备首选。书中的不足之处，请广大读者及时反馈给我们。

编委会

2016年4月

目录

基础入门

紫砂壶的历史渊源………… 10
  紫砂壶的文化源头………… 10
  唐宋时期紫砂壶鉴赏…… 12
  明代紫砂壶鉴赏………… 13
  清代紫砂壶鉴赏………… 23
  民国紫砂壶鉴赏………… 33
  新中国紫砂壶鉴赏……… 35

紫砂壶的产地和种类……… 40
  紫砂壶材料的产地……… 40
  紫泥、红泥和绿泥的特点… 43
  紫砂泥的色彩种类……… 45
  紫砂泥的特征…………… 46

当代紫砂壶潜力艺术家作品鉴赏 49
  王国祥…………………… 49
  谭泉海…………………… 52
  王福君…………………… 53

丁淑萍…………………… 56
孔春华…………………… 57
孔小明…………………… 58
蒋建军…………………… 60
吴锡初…………………… 61
高群……………………… 62
范建中…………………… 63
沈杏大…………………… 64

紫砂壶的价值……………… 66
  文化价值………………… 66
  实用价值………………… 72
  工艺价值………………… 73
  审美价值………………… 73
  资源价值………………… 74
  投资价值………………… 76
  紫砂壶的价值误区……… 79

目录

鉴定鉴赏技巧

紫砂壶的赝品及其鉴定······ 82
　　如何鉴定紫砂壶的优劣······ 90
如何鉴赏紫砂壶············ 93

淘宝实战

紫砂壶的收藏市场解析······ 114
　　紫砂壶市场的行情特点······ 115
　　紫砂壶的拍卖市场········ 117
　　普通壶和名人壶的差距······ 124
　　当代大师作品的市场价值····· 126

紫砂壶的收藏技巧·········· 127
　　"一手壶"的收藏技巧······· 128
　　"曼生壶"收藏技巧········ 132
　　"文革壶"的收藏技巧······· 139
　　"革命壶"收藏技巧········ 144

紫砂壶的投资技巧·········· 146

青年陶艺家作品的投资技巧·· 147
现代工艺大师作品的投资技巧·· 149
当代名家作品的投资技巧···· 151
古代名家作品的投资技巧···· 152
无名氏壶的投资技巧······· 155
名家书画壶的投资技巧······ 156

紫砂壶的保养技巧·········· 163
　　查壶················ 163
　　开壶················ 164
　　养壶················ 165
　　保养要留意的细节········ 166
　　保养的误区············ 169

目 录

专家答疑

* 紫砂壶的式样有哪些? ………… 172
* 紫砂壶泡茶有哪些好处? ………… 173
* 何谓紫砂市场上的"回流壶"? …… 175
* 初级入门者如何收藏投资紫砂壶? … 176
* 紫砂壶投资首选哪些门类更合适? … 179
* 现在还有"捡漏"的机会吗? ……… 181
* 紫砂壶的收藏要点有哪些? ………… 183
* 常见的紫砂壶收藏误区有哪些? …… 187

基础入门

紫砂壶的历史渊源

江苏宜兴素有陶都美誉，有着两千四百多年的制陶史，但关于紫砂壶具体创始在何时，在我国陶瓷史上，专家学者和文人一直在探讨，众说纷纭，悬而未决。

通常专家学者们认为，宜兴紫砂壶的历史悠久，它始于北宋，成熟于明清，鼎盛于当代。这里，笔者考虑到宜兴当地茶文化的历史和紫砂资源的客观存在，认为其历史源流还应考虑到源的因素，包括其萌芽因素，所以增加一个前溯观点：宜兴紫砂壶发端于汉唐。

在千百年的薪火相传中，紫砂壶艺冠绝历代，独步千秋，成为无与伦比的陶中瑰宝。现在更是紫砂史上的繁盛高峰时期，名人辈出，工艺及造型丰富多彩，更使紫砂添上了神秘的色彩。

紫砂壶的文化源头

紫砂壶文化是伴随着茶文化而出现的，与茶文化相生相伴，如影相随。所以，紫砂壶的源头是茶文化。

茶文化在我国有着悠久的历史，古代文人雅士平时常常会集一起，且鼎且缶，以啜以饮，由此获得无限的情趣。宋代大诗人王安石曾有"人固不可一日无茶饮"之语，可见，饮茶在古代人们生活中占据很重要的地位。

早在汉代以前，我们的祖先就对茶的功用有了很深的了解，饮茶之风先从巴蜀和江南一带向北方发展，然后又从中国向世界各地传播，成为世界性的饮料。据汉代《华阳国志》、司马相如《凡将篇》和扬雄的《方言》等书中记载，武王伐纣时就出现将茶作为贡品的事，也反映了西汉时期买茶、烹茶、饮茶的事。

饮茶的方法从古到今有几个不同的阶段。从药用到茗饮，最先采用混煮法，然后又有煎茶法，这些方法唐代乃至晚唐非常流行。由于不同时期的饮茶方法不同，茶具也随时代在不断地变化着。最早人们采用"煎茶法"，所以"茶壶"（宋代以前叫汤瓶）的腹部大，口大流短；茶碗多采用青、白釉瓷浅腹碗。五代、宋代至元代饮茶方法主流是点茶法，所以，五代和宋代的"茶壶"则是小口、长曲流，方便"斗茶"时要"点汤"或"点茶"做功夫。明初至今采用的是泡茶法，所以"泡茶"的"壶"身变矮小，由于壶小，既可以使茶保持"香不散""味不耽搁"，也保持了茶本身的色、香、味。

1.碎茶　2.碾茶　3.罗茶　4.茶末置盒

8.置茶托　7.搅拌茶末　6.点茶（注汤盏）　5.撮末于盏

⊙ 唐代点茶流程

1. 炙烤饼茶
2. 碾研茶末
3. 罗筛茶末
4. 茶锅煮茶
5. 培育汤花
6. 酌茶于碗

◎ 唐代煎茶流程

可见，随着饮茶之风的盛行，历代贮茶、煮茶、饮茶的器具也不断丰富。茶具制品多种多样，材料繁多，主要有金器、银器、铜器、锡器、玉器、珐琅器、陶器、瓷器等，日常普遍使用的则是陶、瓷器。

唐宋时期紫砂壶鉴赏

陶瓷业发源于新石器时代。紫砂陶瓷艺术的创始，根据一些历史文献的研究和古窑址的发掘，可以追溯到北宋中期，甚至有人提出唐代就已有了紫砂壶，但目前尚未发现实物。

唐代以前，茶器与食器不分。随着饮茶风气的普及，茶器日趋工巧，有人说，唐代末年出现了饮茶最理想的茶壶——紫砂壶。以紫砂泥为原料，经艺人精心制作，其壶颜色紫红、质地细柔、造型古朴、光泽典雅、贵如鼎彝。

无论紫砂壶是否出现于唐代,但唐代宜兴已是闻名的产茶基地,这是不争的事实。唐代宜兴有很多名茶年年纳贡,供皇府上下享用。唐代"茶仙"卢仝云:"天子须尝阳羡茶,百草不敢先开花(《走笔谢孟谏议寄新茶》)。"阳羡是宜兴的古称,可见,在宜兴很早就出现用丁山和蜀山的土壤制作饮茶的紫砂壶。

宋代的紫砂壶已在文人中广为使用,而且一些文豪在诗词中称颂紫泥新品、紫砂罐等,这已被一些文章引为宜兴紫砂器创始的佐证。例如,宋代的欧阳修、梅尧臣、苏轼、蔡襄等大文豪都留下了一些咏壶、咏茶的名篇、名句。欧阳修诗云:"喜共紫瓯吟且酌,羡君潇洒有余情。"诗中的"紫瓯"即紫砂壶。梅尧臣的"小石冷泉留早味,紫泥新品泛春华"堪称千古绝唱,讲的就是用紫砂陶壶烹茶之事。苏东坡更有:"活水还须活火烹,自临钓石取深清。"说的就是用活水、江流清水煎茶,味道会不同凡响、更加清醇、香远。

宋代后期到明代的宜兴紫砂出产崛起,很快成为全国的紫砂器出产中心,在以后的数百年中,宜兴始终引领中国紫砂壶制作风骚,直至今日。

明代紫砂壶鉴赏

明代中叶正值中华茶文化的鼎盛时期,茶的品饮方法日趋讲究,沏茗畅饮替换了宋代烹煎,因此茶事开始讲究用具,茶具的艺术价值与使用价值依茶事发展而发展,二者之间相互推进。

烹茶演变为沏茶,对茶壶的质地要求就相对高了,通过千百年来的实践,人们发现,用紫砂壶泡茶,茶味隽永醇厚,由于紫砂壶能吸收茶叶汁,用的时间愈长,泡出的茶水味道就愈好。于是,紫砂壶逐渐流行起来,制作紫砂壶的高手、名家、大师也一个个走到历史的前台,他们的名字和业绩与紫砂壶的兴衰交织在一起。

在明、清两代，中国和日本就有很多称颂宜兴紫砂茶壶的记述。清代李渔曰："壶必言宜兴陶，较茶必用宜壶。"称颂宜兴紫砂壶是最为理想的注茶器。明代万历年间出现了第一部紫砂专著《阳羡茗壶系》（今江苏江阴人周高起著）。书内分创始、正始、大家、名家、雅流、神品、别派等章节，成为历来研究紫砂文化最主要的史料依据。

明、清时期的史籍中明确地说，紫砂陶器创始于明弘治、正德年间。通常的说法，紫砂壶的创始人是明正德至嘉靖时的龚春（供春），或说金沙寺的和尚和书童供春。

定制是明、清时期的紫砂壶创作方式之一。如董其昌、潘允端、黄彭年、端方等，都是定制紫砂壶的狂热爱好者，通过定制的方式间接影响紫砂壶的创作。还有一些则把当时紫砂名匠请到家中当幕宾，依式制壶。

⊙ 顾景舟 树樱供春壶

品茗本是物质享受，茶具的配合，并非单纯为了器用，也蕴涵了人们对形体的审美和对理趣的感慨，既要看重内容，又要讲求形式，追求雅俗共赏的珍品。所以茶具必须拥有出类拔萃的气质，表现出高超的技巧和功力，方能得到社会的公认和历史的肯定。

自明正德以来的五百年间，中国文人与宜兴历代紫砂器制作高手合作，将雕刻、镶嵌、书画等多种工艺美术手段用于砂壶，制做出典雅精美的沏茶名壶，为世界各大博物馆所保藏，成为中华一大瑰宝。

明代"供春壶"传奇

明周高起《阳羡茗壶系·创始篇》一书中记载："金沙寺僧，逸其名，闻之陶家云：僧闲静有致，习与陶缸瓮者处，抟其细土，加以澄练、捏筑为胎，规而圆之，刳使中空，踵傅口柄盖者，附陶穴烧成，人遂传用。"

周容《宜兴瓷壶记》说："今吴中较茶者，壶必言宜兴瓷，始万历，大朝山寺僧（即金沙寺僧）传供春者，吴氏小吏也。"

供春和吴氏是何许人呢？《宜兴县志》记载，供春是明正德年间提学副使吴颐山随带的书童。供春也名"龚春"，少时为吴颐山的伴童。吴颐山为了专心准备考试，带着书童前往金沙寺闭门读书。供春在陪读之余，常常陪着老和尚抟坯制壶。当时紫砂造价很高，于是供春从老和尚洗过手的缸里捞出一些沉淀的陶土，经过反复的筛、洗、压、碾，最终得到了紫砂。一日，他在园中玩耍，见院内参天银杏的树瘤十分别致，于是就想照样捏一把壶。他没有工具，就用茶匙挖空壶体，之后用手指按平胎面，成型的壶面上就留有"指螺纹隐起可按"的痕迹。这些指纹交错重叠，甚是可爱，透着灵气。整个壶身也浑然天成，造型惟妙惟肖，把银杏树的盘根错节、树瘤的多姿表现得淋漓尽致。配之黝黑的紫砂，全壶尽显古朴和高雅。据传僧人看过之后喜出望外，收下供春为徒，倾囊相授，并命名其壶为"供春壶"，一是取供奉春神之意，二是取龚春的谐音。

供春壶新颖精巧、文雅天然。当时人称赞"栗色暗暗，如古今铁，敦庞周正"。仅用12个字，很精准地概括了供春壶的特色，令人如见其壶。其壶质地虽薄，但是非常坚实。

吴梅鼎《阳羡瓷壶赋·序》描述："余从祖拳石公读书南山，携一童子名供春，见土人以泥为缸，即澄其泥为壶，极古秀可爱，世所谓供春壶是也。"

◎ 明 供春 六瓣圆囊壶

⊙清光绪 黄玉麟 供春壶

遗憾的是，供春的传世之宝甚少，唯有树瘤壶（藏于中国国家博物馆）和六瓣圆囊壶（藏于香港茶具文物馆）保存至今。现在市场上流传的所谓"供春壶"，多是仿品。当代宜兴紫砂大师顾景舟先生的一件仿品，价格也在20万港币左右，足见供春壶的艺术价值多么珍贵。

明嘉靖紫砂器艺人供春的出现，将中国紫砂器推进到了一个新的境界。供春成宜兴紫砂制作的一代宗师后，他的作品被称为"供春壶"，当时有"供春之壶，胜于金玉"的美称。从此，宜兴紫砂器发展迅速，百品竞新，名家辈出。

时大彬壶鉴赏

时大彬（1573~1648），明万历至清顺治年间人，著名紫砂"名壶四大家"之一时朋的儿子。他的早期作品多模仿供春大壶，并与其弟子李仲芳、徐友泉享有"壶家妙手称三大"之赞誉。时大彬的壶可谓"千奇万状信手出，巧夺坡诗百态新"。吴骞在《阳羡名陶录》里说"明代良陶让一时"，此一"时"即时大彬。

时大彬师从父辈，从小耳濡目染，根基扎实。这种家庭背景也造就了他淡雅超俗的风格。据传时大彬对紫砂壶的制作要求甚高，往往稍有瑕疵就放手扔弃，所以他的壶甚为珍贵。

时大彬的壶主要造型有僧帽、菱花、六方、书扁、瓜棱、八角等，其泥质温润凝重、造型沉稳，可谓壶艺之典范。顾景舟先生也认为时大彬是"集大成者"，他"成功地创制了紫砂传统上的专门基础技法"。

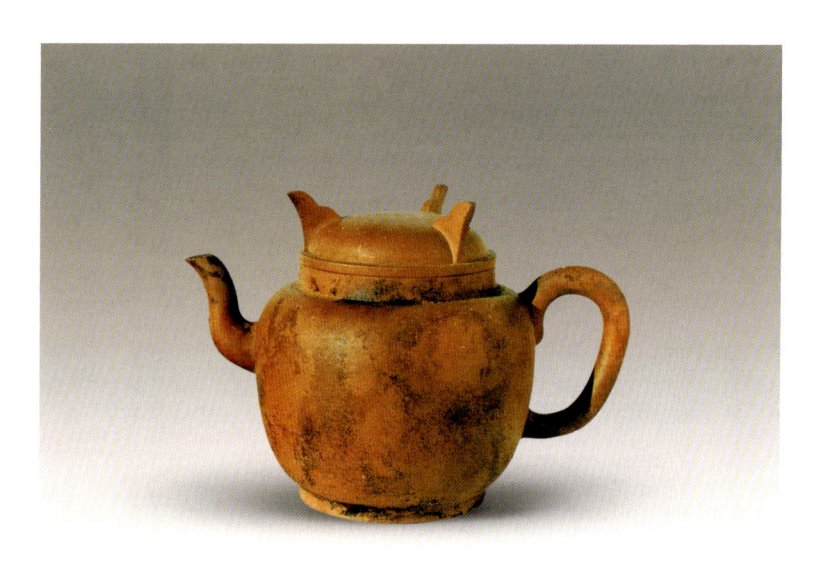

⊙ 明 时大彬 鼎足盖圆壶

⊙ 明 时大彬 开光方壶

⊙ 明 时大彬 印包方壶

之所以说时大彬是"集大成者",最突出的原因是他将文人情趣引入到茶壶中,使茶壶有了更深刻的内涵。时大彬早期的作品多为模仿供春大壶,且仿古样式比较多。在与文人雅士结交中,他观察了文人的饮茶习惯,于是改大壶为小壶。在制作上可用拍打法一气呵成,这样也就丰富了造型。小壶一经推出,其儒雅气质深深吸引了广大文人,更有甚者,以拥有"时壶"为荣。

时大彬最初喜做大壶,按画作之比例,用现在的眼光看,应有2500毫升之大。后在游娄东时,遇到明代的文学家、书画家、壶艺收藏家陈继儒。陈继儒对茗壶有很高的鉴赏能力,曾聘请制壶好手蒋时英到家中制壶,然后陈继儒为之书铭,名工名士,后世称"双绝壶"。

时大彬常与陈继儒讨论品茶试茶之奥妙。一天,陈继儒建议:"把壶从大改小,做成一把可以一手持之、一手捋须吟诗的雅器,那该有多好。"于是,时大彬开始改制小壶,茗壶才由大而改小,改到了只有300~400毫升。时大彬的这一变革,将制壶工艺手法和壶型大小规格基本固定下来,并流传至今,成为史上一件趣闻乐事。

紫砂壶的制作技法在时大彬时已几近成熟。在成型技法方面，他改进了供春"斫木为模"的方法，直接手工制模，将"打身筒"和"镶身筒"结合，创制了紫砂传统上的专门基础技法。

时大彬的紫砂壶并不力求雕琢，而以朴素的雅致和整体感见长，风格高雅脱俗，造型流畅灵活，虽不追求工巧雕琢，但匠心独运，朴雅坚致，妙不可思。他的高足徐友泉晚年自叹："吾之精，终不及时（时大彬）之粗也。"

徐友泉擅长将古代青铜器的形制做成紫砂壶，手工精细、古拙庄重、质朴浑厚。传说，徐友泉少年拜时大彬为师学艺，恳求老师为他捏一头泥牛，时不允。此时，一真牛从屋外经过，徐急中生智抢过一把泥料，跑到屋外，对着真牛捏了起来，时大加赞赏，认为他很有才华，于是欣然授其全部绝活，后来徐友泉果然自成一家。

顾景舟说："自时大彬开始，制作紫砂陶的一套传统技法，已在大体上建立，并传承给后代的各代艺人。这应是时大彬的最大贡献。"

◉ 明 紫砂雕漆时大彬款方壶

⊙ 明 时大彬 玉兰花六瓣壶

清代紫砂壶鉴赏

清代紫砂壶大师陈鸣远，生活在清康乾盛世，堪称一代大家。他是继供春、时大彬之后的又一领军人物，堪称紫砂史上的第三位大师，被誉为"古来技巧能几人，鬼斧神工噪一世"，掀起了中国紫砂壶艺术史上的第二次高潮。

与时大彬一样，陈鸣远也出身紫砂世家，其父陈子畦是当时著名的紫砂艺人。陈鸣远的造壶风格承上启下，既有明代的朴雅之风，又开启了写实主义仿生技巧的先河。在紫砂壶发展史上，陈鸣远是一位技术娴熟而全面的大师。

在陈鸣远的作品中，光货的几何形体"朴质大方、结构合理、技巧严谨"；花货的自然形体"概括夸张、源于生活而又高于生活，并善于借鉴，继承中华民族的优秀传统"。

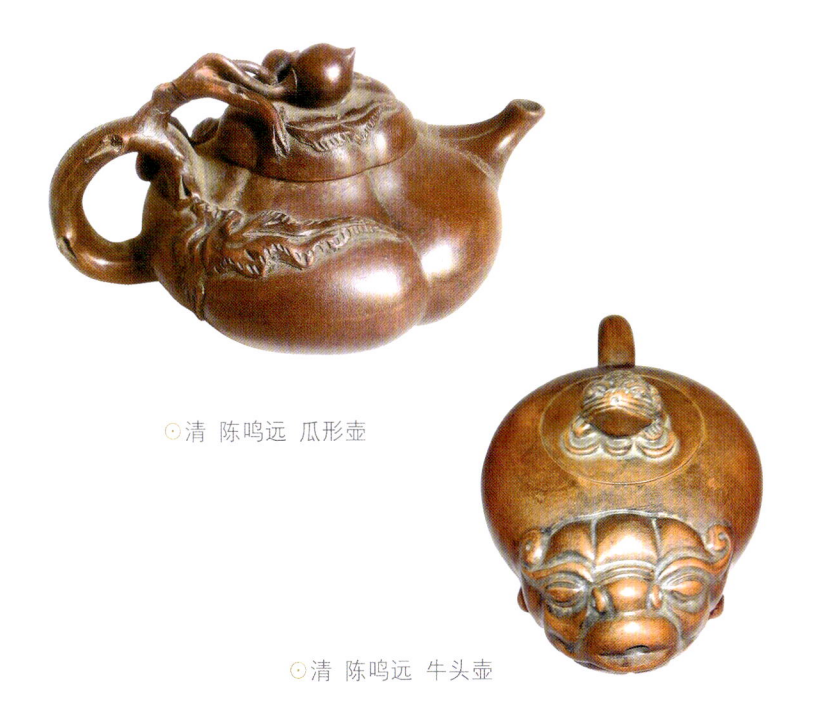

⊙清 陈鸣远 瓜形壶

⊙清 陈鸣远 牛头壶

陈鸣远以生活中常见的栗子、核桃、花生、菱角、慈姑、荸荠的造型入壶，工艺精雕细镂，善于堆花积泥，使紫砂壶的造型更加生动、形象、活泼，使传统的紫砂壶变成了有生命力的雕塑艺术品，充满了生气与活力。

陈鸣远还发明在壶底书款、壶盖内盖印的形式，到清代形成固定的工艺程序，他是壶底书款、壶盖内盖印的第一人，对紫砂壶的发展产生了重大影响。他的壶身题款更别具一格，颇有晋唐笔气，当时有言"海外竞求鸣远碟"。清康熙年间，许多文人请陈鸣远定制紫砂壶，并绘画、题诗或落款。当时文人仰慕、佩服陈鸣远的紫砂技艺，都以陈鸣远制器题诗、落款为幸事。

陈鸣远与陈维崧、汪柯庭、杨中讷、曹廉让等文人相交甚密，在交往过程中，陈鸣远听取、采纳并吸收了这些文人学士对紫砂器物制作的喜爱和偏好，积极地将他们所提供的意见和建议付诸实践，并由此开创了紫砂文房制作的先河。

⊙清 陈鸣远 松段壶

⊙ 清 陈鸣远 漩涡纹瓜形壶

⊙清 陈鸣远 梅干壶

遗世的梅干壶（现存于美国西雅图博物馆）最具有代表性，充分表现了陈鸣远壶对自然的夸张和借鉴。梅干壶以其形似梅干而得名，从整体上看，好像是谦谦君子在弯着腰笑迎友人，又像是历经沧桑的老人在驻足远望。壶上用堆花手法点缀几朵梅花，又使壶充满了希望。壶身两侧是壶嘴和壶把，貌似梅花枝干的断节，真实而自然。

由于陈鸣远的作品出神入化，名震一时，故仿品、赝品大量出现。当代大师顾景舟说，从少年习艺，直至暮年，半个多世纪中他也只见到几件真品，收藏家要特别小心，以防走眼。

清乾隆、嘉庆年间吴骞（今杭州海宁人），世祖正是吴颐山，吴颐山曾读书于宜兴湖滨金沙寺，供春给使之暇，首创紫砂壶。

吴骞有别业在荆溪桃溪（今宜兴张渚），著《阳羡名陶录》。此书在《阳羡茗壶系》的基础上经细审、精勘、排比，并作了充实，后又增加了文瀚——记、铭、赞、赋、诗等章节，收集了名人的大量有关称颂紫砂壶艺等具有很高文学价值的篇章。

清代中叶嘉庆、道光年间的紫砂壶大师有陈鸿寿和杨彭年。

陈鸿寿，字子恭，号曼生，又号老曼、夹谷亭长、胥溪渔隐、恭寿、曼公、曼龚、种榆仙客、种榆道人和翼，清乾隆、嘉庆年间人。"西泠八家"之一、清代中期的著名书画家、篆刻家。艺术主张创新，他倡导"诗文书画，不必十分到家"，但必须要见"天趣"。他把这一艺术主张，付诸紫砂陶艺。

嘉庆十七年（1812）前后，陈鸿寿任溧阳县县令。他喜爱茗壶，曾绘图稿十八式，由杨彭年等制壶，然后由他及幕僚铭刻书画，使造型、文学、绘画和篆刻融于一炉，世称"曼生壶"。陈鸿寿加入紫砂壶设计制作过程，使集书法、绘画、工艺为一体的紫砂壶刚一问世就赢得社会肯定。

◎ 清 杨彭年 百衲壶

陈鸿寿与杨彭年的合作，堪称典范。现在我们见到的嘉庆年间制作的紫砂壶，壶把、壶底有"彭年"二字印，或"阿曼陀室"印的，都是由陈鸿寿设计、杨彭年制作的，后人称之为"曼生壶"。由此"字依壶传、壶随字贵"，相得益彰。曼生壶造型有"石铫""横云""井栏""合欢""却月""半瓦""方山""瓜形""覆斗"等式，历来为鉴赏家珍藏。上海博物馆所藏的一件钟式壶（瓦当壶）就是典型的作品之一。

陈鸿寿的第一大贡献，是把诗文书画与紫砂壶陶艺结合起来，在壶上用竹刀题写诗文、雕刻绘画。第二大贡献，是他凭着天赋，随心所欲地即兴设计了诸多新奇款式的紫砂壶，为紫砂壶的创新带来了勃勃生机。陈鸿寿使紫砂陶艺更加文人化，制作技术虽不如明代中期精妙，但对后世影响很大。特别是"曼生壶"，是中国紫砂壶制作历史中的又一个里程碑。

⊙清 陈鸿寿、杨彭年 曼生壶

杨彭年，字二泉，号大鹏，清嘉庆至道光年间人。善制茗壶，有的浑朴雅致，有的精巧玲珑，且善配泥色。其作品型制十分丰富，世称"彭年壶"。杨彭年首创捏嘴新工艺，他不用模子，信手捏来，随意而成，颇具天趣。《前尘梦影录》描写了他捏嘴不用模子的情况，虽随意制成，亦有天然之致。

清乾隆以后，伴随着清王朝的衰落颓势，紫砂壶的制作也愈来愈不景气。值得一提的是清嘉庆、道光年间的邵大亨，他为陈鸣远以后的一代高手，其他如邵友兰、邵友廷、蒋德休、黄玉麟、程寿珍诸人，也做出了贡献。

清同治年间，吴大澂请黄玉麟等定制宜兴紫砂陶，并提出自己的标准和要求，以及对造型、装饰的意见，制壶大家黄玉麟后来还被吴大澂请到家中制壶。

吴大澂是当时的书法家、金石收藏家，黄玉麟在吴家看到很多古代的铜器和陶器，他把这些古器物的艺术特色融化到紫砂壶的创作中，使他的壶艺更加精进，吴大澂与黄玉麟经常合作紫砂壶，集紫砂、篆刻于一体，金石韵味浓厚，名气大增。

⊙清 黄玉麟 紫砂供春壶

书画名家与制壶高手联合创作，更能够创造出珍贵的艺术品。

在紫砂壶上题刻的风气，由陈曼生开创之后，一直流传下来。陈曼生以后，上海书画家瞿子冶也十分喜爱紫砂壶，他派人到宜兴监造，并在壶面上镌刻瞿子冶画的梅、兰、竹和他写的诗，钤上他的印章，于是诗、书、画、印与紫砂壶结合起来。虽然饮茶的器具不断增多，但文人雅士们仍对紫砂壶爱不释手。一些书画家还嫌与人合作不过瘾，亲自动手制壶，也成为紫砂艺术史上的佳话。《砂壶图考》中就记有郑板桥自制紫砂茗壶的逸事。郑板桥曾经博采众家之长，自己亲手制作了一把紫砂茗壶，并在壶上刻下一首诗："嘴尖肚大耳偏高，才免饥寒便自豪。量小不堪容大物，两三寸水起波涛。"书画名家都乐在名家名壶上刻铭留字，这样，壶铭就成了一个独特的文学样式，并形成了"壶以铭贵，铭以壶传"的传统。

⊙清 黄玉麟 养云提梁壶

⊙ 清光绪 黄玉麟制吴昌硕铭 云刻仿鼓壶

到了清末，紫砂壶艺术似乎一代不如一代，更多的是因循守旧，很少创新，制作工艺也日渐草率荒疏。此后，也有很多书画家介入紫砂壶的绘画和书法，诸如海上画派盟主任伯年和吴昌硕，为热恋紫砂壶，曾几乎旷废本业。这一习俗至今沿袭。正是由于书画名家的参与，紫砂艺术达到炉火纯青的境界，紫砂壶才能跻身艺术品的行列，为汹涌澎湃的中华文明增添新的活力。

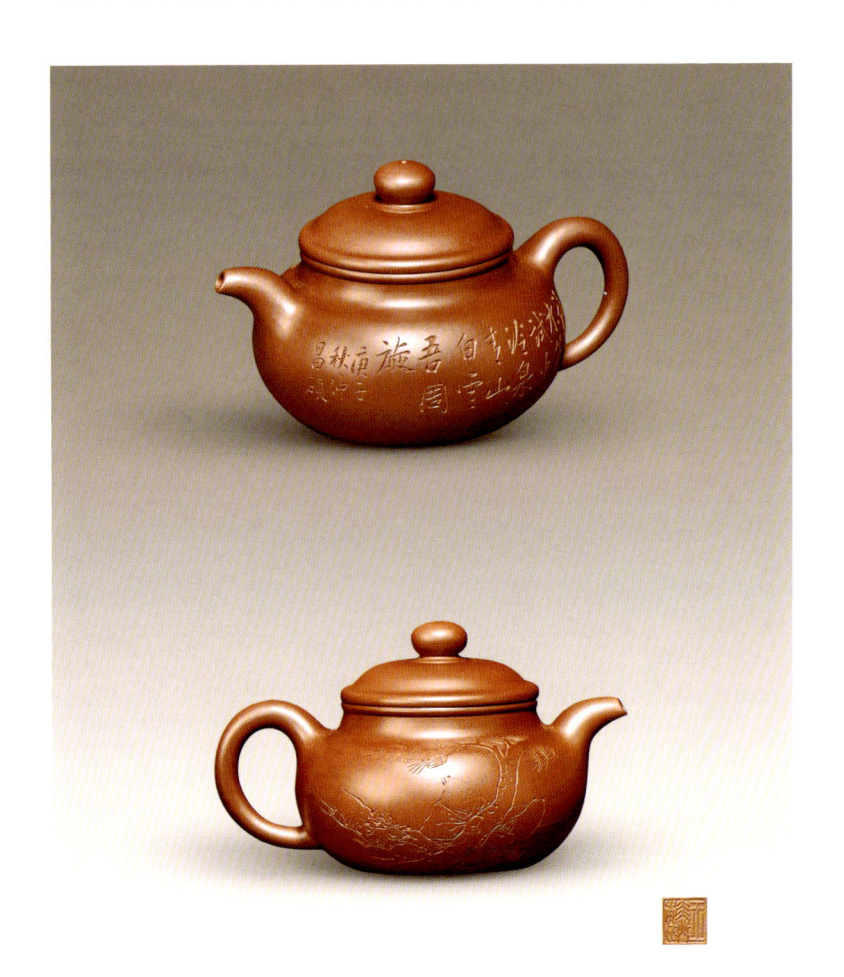

⊙清 吴昌硕书画、黄玉麟制 仿鼓壶

民国紫砂壶鉴赏

民国的紫砂壶大不如清代,但这一时期有一位大师不能不提,他就是近代的紫砂制作大师顾景舟,被誉为"百代壶公第一流,愿留指爪踏雪泥"。

顾景舟生来和紫砂壶有缘,他生于紫砂壶的故乡江苏宜兴,18岁师从祖母学艺。凭借他极高的悟性和对紫砂深深的热爱,两年后,他已在行业内崭露头角,小有名气。

在20世纪40年代,顾景舟来到上海,仿制明代时大彬、清代陈鸣远等人的紫砂名作。正是在临摹和仿制中,他的技艺突飞猛进,其中一些仿品的艺术价值甚至超过了原作,被许多博物馆收藏。

在上海,顾景舟通过铁画轩二代传人戴相民介绍,结识了一批在上海有影响的书画家,如江寒汀、吴湖帆、来楚生、谢稚柳等人,制作了一批石瓢壶。至今仍有石瓢壶流传于世,为顾景舟制,吴湖帆、江寒汀画,并由顾景舟亲自镌刻。相传同式共做了五把,分送五人。可惜,如今我们只能见到三把了。

⊙顾景舟、江寒汀、吴湖帆合制紫砂壶

⊙ 顾景舟　紫砂壶

　　从早年的仿制，到中年的自创，直至晚年的改变，顾景舟总结一生的经历，认为壶艺创作要兼有形、神、气三点，并强调"如果没有轮廓、线条、体积、比例的学问，没有基本功扎实而又灵巧的双手，再强烈的感情也是瘫痪的"。从他现存的一些作品中，我们可以品出这位一代宗师的风格。

　　1956年，中央工艺美术学院教授高庄与顾景舟结交，他们以紫砂陶优异土质及适用功能，精心合作设计了提壁壶。顾景舟为此专制工具，使其壶独具匠心：壶坯轮廓造型端庄周正，结构严谨，比例和谐匀称，线面简洁明快，节奏变化合度。提壁壶气质健伟、色泽紫中泛红、深沉朴茂，完美地阐释了顾老的艺术观念，是现代紫砂壶中的绝品。

　　紫砂壶艺的社会影响自抗日战争开始没落，直到新中国成立，一直处于低潮。

新中国紫砂壶鉴赏

20世纪80年代中后期,紫砂壶艺热潮兴起,香港的罗桂祥先生功不可没,他以伯乐之明,举以重金在世界各地收集了紫砂名人名作,并捐赠于香港茶具文物馆举办展览。

罗桂祥还于1980年编著出版了《宜兴陶艺》一书,该书除紫砂壶、器图谱外,还有美国旧金山博物馆谢瑞华女士撰写的有很高学术研究价值的文章,她把紫砂的发展过程分为草创期、典范期、繁荣期、转化期、衰落期和复兴期等几个章节,开辟了紫砂发展过程新的理论总结,非常可贵,以后也一直被一些研究学者在论文中所引用。

应该说是先有罗桂祥组织的文化行动,20世纪80年代中期开始紫砂茗壶才在香港、台湾掀起了一股热潮,可以证明紫砂文化推动紫砂艺术发展的内在作用。

此后,台湾和大陆的一些学者、爱好者也有很多极有价值的紫砂学术性书籍出版和文章发表,但也出现了商业炒作性的风潮、错误引导、加冕封爵、赞誉失实、千文一味、平庸俗气,爱好者先是盲从宣传、屡屡上当,后是无所适从、失去信心,使紫砂艺术品的发扬光大受到了严重的阻碍。

◎王寅春 朱泥小石瓢壶

⊙吴云根 大东坡提梁壶

当代的紫砂大师，首推顾景舟。顾景舟潜心紫砂陶艺六十余年，其技艺炉火纯青、登峰造极，名传遐迩。其余如朱可心、高海庚、裴石民、王寅春、吴云根、徐秀棠、李昌鸿、沈蘧华、顾绍培、汪寅仙、吕尧臣、徐汉棠、蒋蓉等，也各自身怀绝技，各有专长，皆为一时俊才。

任淦庭（1889~1968），字缶硕，现代著名紫砂刻画装饰艺人。工楷、草、隶、篆各体书法，以篆、隶见长；绘画以山水花鸟为主，梅兰竹菊为常见题材；装饰手法大多是兼工带写，设计画面以表现吉祥寓意居多。刀法熟练，诗词图画随意刻绘，自成章法。且左右手都能书画雕刻，功夫独到，自成风格。

吴云根（1892~1969），字芝莱，现代著名制壶艺人。擅长紫砂塑器造型，艺术风格朴实稳重，尤善以竹为题材。其大型竹提壶、竹段壶等实用美观，为紫砂爱好者所珍爱。

王寅春（1897~1977），现代制作筋纹器茶壶的著名艺人。12岁拜金阿寿为师学艺，艺成到上海仿古器，见识甚广，亦善制各类方形砂壶。其代表作六方菱花壶、梅花周盘壶和圆条壶等，造型雍容大方、色泽润和、纹理清晰、口盖准缝严密。曾设计制作大批新品。当代名人中受其熏陶影响者不乏其人。

　　裴石民（1892~1979），又名德民，现代名艺人。早年即从事紫砂业，艺成后在上海专门研究和仿制紫砂古器，颇负盛名。善制水丞、杯盘和炉鼎等器，造型典雅别致，具有铜器敦厚稳重之特点。力作"蟠桃壶""毛蟹"和"春蚕"等生动逼真。曾为"项圣思桃杯"配托，各类光货、花货茗壶均能制作，尤以仿真果品最佳。有"陈鸣远第二"之称。

◎ 裴石民款 松鼠葡萄壶

○朱可心 报春壶

朱可心（1904～1986），字凯长、开长，著名紫砂艺人。擅长紫砂塑器造型，刻意求新，风格独特。尤善以龙、云、松、竹、梅为题材的创作。其"云龙鼎"参加1932年美国芝加哥博览会，荣获特级优奖。"竹节鼎"成天然笋壳状，构思奇特，做工精细。他的许多作品为博物院（馆）和知名人士所珍藏。

现在宜兴的紫砂茶壶、紫砂花瓶、紫砂壁画、紫砂花盆、紫砂雕塑、紫砂茶海及紫砂装饰品，均已形成了独特完整的风格特点。

近年来，不仅紫砂壶收藏升温，紫砂还成为居室饰物，不仅具实用功能，且满足了家居的装饰需求，因而受到越来越多人的喜爱。

从供春到顾景舟，再到当代一批群星灿烂的紫砂壶艺术家，历经数百年，紫砂壶已成为中国文化的一个重要符号。在这过程中，无论是对技术的改进，还是对内涵的倾注，都表现了艺术家成长的印迹。

从历史上大师的艺术人生可见，但凡紫砂制作大师，无不是以提升自己的修养来升华紫砂的魅力。任何一款紫砂壶，承载的都是艺人对自然、对生命的理解。壶艺风格的差别，也是人品内涵的差别。从这个意义上说，做壶也是在做人，赏壶也不仅是赏艺术，更是赏艺术家的人格魅力。

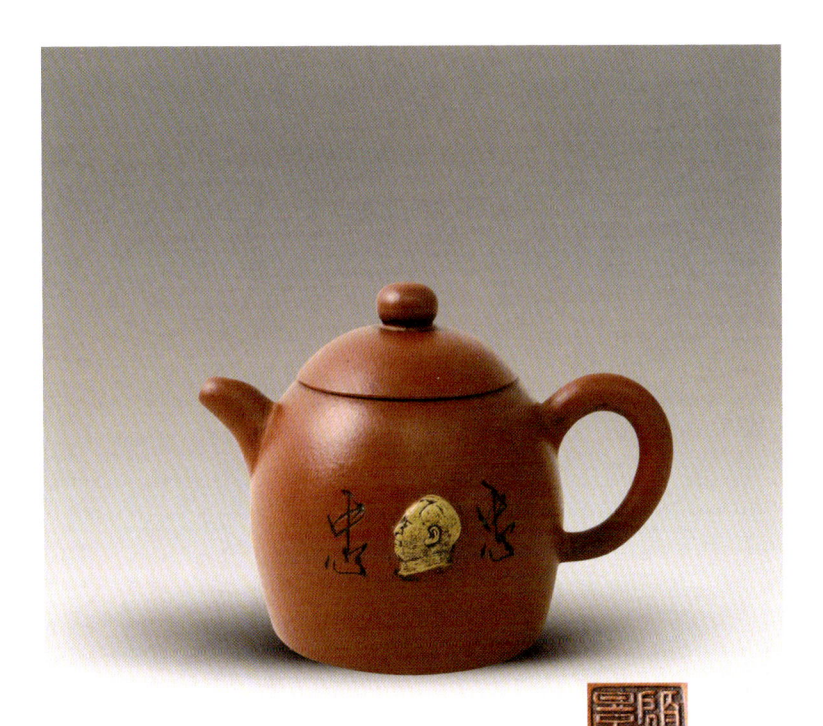

⊙ 顾景舟 紫砂壶

紫砂壶的产地和种类

紫砂壶材料的产地

紫砂壶的产地是在江苏省宜兴市,宜兴是江南富饶的"鱼米之乡",位于太湖之滨,地处江苏省南端,与浙、皖、沪交界,境内的东、西、北三面为富饶的平原,河湖港汊交织成网,茂林修竹、洞天世界,嘉庆《重刻宜兴县志》记载,这里"清溪无底,上有千仞嵯峨"。宜兴地区的紫砂泥矿深藏于岩层中间,块状、质纯、经焙烧而不瓷化,故具有透气而不渗水的特点。紫砂泥资源则不仅仅限于宜兴,浙江长兴也有。

长兴的紫砂矿资源,蕴藏量丰富,自古誉称长兴为南窑,丁山为北陶。长兴和宜兴,山水相连,矿脉相通。据地质矿产资料反映,长兴紫砂矿主要分布在雉城、小浦、槐坎、泗安、洪桥等丘陵地带,储量达5000万吨。

小浦朱砂岭这个地名,以产朱砂泥而得。小浦箬卡村裸露的紫砂泥随处可见。由于量大、品优,近年来,宜兴不少用户到长兴采购紫砂泥矿料。但长兴紫砂矿不如宜兴品质高,故紫砂壶又名宜兴紫砂壶。

我国各地均可多见红色陶土，但其所产陶土矿物组织成分、化学成分均与宜兴紫砂泥有所差别，再加上制壶技艺上的差距，所制成的壶无法与宜兴紫砂泥相提并论。即使在宜兴，上好的紫砂泥也只能在丁蜀地区范围内的陶土矿中找到。因此，把宜兴紫砂泥称作得天独厚的宝贵资源绝不会言过其实。

⊙ 老紫砂壶作品　上海博物馆藏

紫砂陶为一种含铁质黏土质粉砂岩，由水云母、高岭土、石英、云母屑、铁质等矿物成分构成，主要化学成分有氧化硅、氧化铝、氧化铁、氧化钙、氧化镁、氧化锰、氧化钾、氧化钠等，颜色有多种，主要被分成紫泥、绿泥和红泥三种，泛称"紫砂泥"，可单独烧制成陶。因铁、硅含量较高，烧制后多呈紫红色，故称"紫砂器"。它始于唐宋，风靡明清，迄今未艾，是我国继唐三彩之后又一类饮誉于世的古老陶艺。

⊙ 老紫砂壶作品　上海博物馆藏

⊙丁淑萍　底槽青泥　泥绘大秦权壶　760毫升

　　紫砂泥被称作"泥中泥""岩中岩",其含铁量较高,是紫泥、红泥(朱泥)、绿泥(米黄色)的总称。陶土的成因,属内陆湖泊及滨湖泥沼相沉积矿床,通过外力沉积成矿,最终深埋于山腹之中。宜兴和长兴地区的陶土矿床,自古生代志留纪末至今,经历了四次海退和三次海浸,大约在2亿～4亿年前,陶土在泥盆纪和早石炭纪中期形成。

　　其中甲泥、紫砂泥属沉积矿床,嫩泥、红泥属沉积风化形矿床。紫泥和绿泥都产于甲泥矿中。甲泥是一种脊性黏土,紫红色,色似铁甲,故名"甲泥"。甲泥矿中甲泥储量最多,紫泥、绿泥储量较少,其中紫泥仅占总储量的3%~4%。紫泥是甲泥中的一个夹层,绿泥是紫泥夹层中的夹脂,故有"泥中泥,岩中岩"之称。

　　紫砂壶所沏的茶水,色香味俱全,配以其精美的艺术造型,使品茶达到完美的境界。

　　紫砂壶的泥原料俗称"富贵土"。

　　相传古时候宜兴街头,一日赫然有一僧人沿街叫卖紫砂泥:"卖富贵土了! 谁买富贵土? 买了就可以发家致富。"因此而得名。

所谓"靠山吃山,靠水吃水"。宜兴紫泥,千百年来养育了一代代能工巧匠,以至于一提起紫砂壶,我们当即就联想到紫砂壶原产地宜兴。到底是紫砂壶使宜兴出了名,还是紫砂壶原产地宜兴使紫砂壶出了名,谁也说不清楚。

上天赐予宜兴得天独厚的宝贵资源,加之天资聪颖的宜兴人世代相传的制壶技艺,成就了紫砂壶及紫砂制品在世界艺术品之林的高贵地位。

紫泥、红泥和绿泥的特点

紫砂泥分为三种:紫泥、红泥和绿泥。

紫泥,主要矿物成分为水云母,以及不等量的高岭岩、石英、云母屑和铁等。底皂青(也叫底槽青)是矿底层品质较好的紫泥。

红泥,产于宜兴川埠赵庄,一般位于嫩泥和矿层底部,它是泥矿中的石黄,《阳羡茗壶系》《阳羡名陶录》称其为"石黄泥"。红泥氧化铁的含量极高,但其矿形琐碎,需经手工挑选。所以红泥不利独自成陶,成型工艺难度亦高,通常被用作紫砂器表的化妆土。

⊙ 沈杏大 威震四方壶
获第五届中国工艺美术大师精品展金奖。

红泥，也叫朱泥，是位于嫩泥和矿层底部的泥料。朱泥的胎土，不过是制壶陶手为了求得更精细的泥料，将红泥加以洗泥沉淀，得到约140目到180目细孔的泥料，制成细如滑脂的朱泥壶。由于朱泥的泥性甚娇，成型工艺难度亦高，而朱泥由生坯至烧成，因收缩率高达30%～40%，故一般成品良率仅约七成。

朱泥因矿源有限，且采掘困难，1973年原矿将近枯竭，朱泥产品近乎停产，到1982年运用科技配方，采用川埠土黄色的岩泥（俗称川埠红泥）嫩泥，加入适量铁红粉作为红泥原料，从此大批量地应用，延至今日。

地摊廉价朱泥壶，往往采用宜兴制作日用陶的白泥，添加大量的铁红粉、玻璃水，基本上是合成泥，泥性已失，只能骗骗外行人。

绿泥，则是紫泥层的夹脂，故有"泥中泥"之称。是原矿中比较稀少的泥料，一般很少单独成型，因为其可塑性差，烧制过程中容易开裂，并且制成壶用后容易出现龟裂现象，再加上绿泥数量极少，以致目前市场上纯正本山绿泥制作的壶很少见到。

绿泥泥质较嫩，耐火力也比紫泥为低，一般多用作胎身外面的粉料或涂料，使紫砂陶器皿的颜色更为多彩。

⊙丁淑萍 朱泥、绿泥和紫泥 日月同辉　　⊙吴锡初 原矿紫泥 四季壶 200毫升

基础入门

紫泥、红泥、绿泥这三种泥由于矿区、矿层分布的不同，烧成时温度稍有变化，则色泽变化多端，妙不可思。

紫砂矿料，外观呈紫红色、紫色，有微细银点闪烁，并隐显浅绿色的斑点，更有天青色的，称天青泥，只在丁山镇中心的大水潭矿中有过。

紫泥烧后外观为紫色、棕色和深紫色。绿泥烧后呈米黄色。红泥烧后呈暗红色。

团泥，也称团山泥，是一个时期在团山矿层里出现的紫砂泥与星点式本山绿泥混在一起无法分开，烧成后即成了铜色的团山泥。之后，把紫泥与本山绿泥拼在一起，也称为团泥。

紫砂泥的色彩种类

宜兴紫砂泥由于其矿区、矿层分布不同，其含铁量、化学成分各不相同，互相配比不同，烧成时温度也会有所差异，则紫砂壶成品会出现不同的颜色，非常奇妙。紫砂泥色丰富多彩，除了以紫、红、米黄三色为紫砂器的本色之外，还有多种变化。紫

⊙ 丁淑萍　朱泥和紫泥　夕阳之恋

为"日月星辰"组壶之三。套壶表现了太阳下山时的景象，以微雕山水为衬托，以松、鹤为背景，松鹤寓意长寿。太阳下山，仙鹤归巢，悠闲自在。灵猴爬上参天的大树翘看夕阳，无限眷恋。夕阳无限美，整套壶表达了一种如诗如画、身临其境的意蕴。

有深浅、红又有浓淡、黄则富于变化。如果是按其颜色来命名的话，则有铁青、天青、栗色、猪肝、黯肝、紫铜、海棠红、朱砂紫、水碧、沉香、葵黄、冷金黄、梨皮、香灰、青灰、墨绿、铜绿、鼎黑、棕黑、榴皮、漆黑等。

在基泥里加配不同的化工着色剂，其发色效果也不同，能生成诸多泥色来，如古铜色、墨绿色等。还有一种是调砂泥，包括粗砂、细砂，做出的壶表现粗犷风格的特点，摸上去有颗粒不平感，与光滑平整的细腻风格相左。单纯品种的泥料俗称"清水泥"。

紫砂泥的特征

"泥"是紫砂壶价值的根本所在，一把用纯正宜兴紫砂泥做出来的壶才具有现实的使用、投资和收藏价值。

紫砂壶具有保味功能好、泡茶不失原味、陈茶不馊、暑天越宿不起腻苔、经得起温度冷热剧变等特点，都是因为紫砂泥的优异特点带来的。

有很好的可塑性

紫砂泥可塑性好，生坯强度高，坯的干燥、烧成收缩率小。可塑性以紫泥为例，它的液限为33.4%，塑限15.9%，指数为17.5%，属高可塑性，可任意加工成大小各异的不同造型。紫砂泥和一般陶土不同，经高温烧成，不易变形，成品和坯体收缩率仅为10%。

很好的可塑性表现在制作时黏合力强，但又不粘工具且不粘手。如：嘴、把均可单独制成，再粘到壶体上后可以加泥雕琢、加工施艺；方型器皿的泥片接成型可用脂泥（多加水分即可）粘接，再进行加工。这样大的工艺容量，就为陶艺家充分表达自己的创作意图、施展工艺技巧，提供了物质保证。

⊙ 鲁文琴 钟灵壶

紫砂泥的可塑性和结合能力好，是其有利于工艺装饰的原因。再则紫砂泥的焙烧温度范围也宽，为1190℃～1270℃，目前烧成温度控制在约1200℃，这是紫砂制品不渗漏、不老化，越使用越显光润的又一原因。

以上均说明，这种粉质细砂岩的紫砂土，是"宜陶宜壶"的最佳泥料，也是陶都宜兴特有的宝藏。

独特的双透气孔结构

紫砂器经高温烧成后，成品能保持2%的吸水率和2%的气孔率。紫砂泥属高岭土，土中含有大量的氧化铁等化学元素，因而茶壶内质存在双重气孔结构，一是化学元素团聚体内部形成的气孔，二是团聚体周围形成的气孔群，正是由于这两大特点，使紫砂茶壶具有非常好的透气性，能较好地保持茶叶的色、香、味。在我国，只有在宜兴的丁山才能开采出这种具有双透气孔结构的紫砂泥。因此在中国，紫砂泥是唯一的，用唯一的泥做出的壶当然也是不可替代的。

里外均不上釉

因为紫砂泥土成型后不需要施釉，它平整光滑富有光泽的外形，用的时间越久，把玩摩挲的时间越长，就越会发出光泽。这也是其他质地的陶土无法比拟的。

色不艳、质不腻

紫砂泥除了结构上与其他泥有差异，纯正的紫砂泥还因其"色不艳、质不腻"的特点给人以感官上的享受。同时，其原矿中含有大量人体所需的微量元素，会在泡茶的同时提供人体所需。

当代紫砂壶潜力艺术家作品鉴赏

王国祥

　　王国祥,生于1954年、系国家级高级工艺美术师、中国工艺美术协会会员、景德镇陶瓷学院客座教授、中国民间艺术紫砂专业委员会常务理事、宜兴紫砂收藏鉴赏专业委员会常务理事、中国民间艺术紫砂专业委员会常务理事、宜兴紫砂工艺厂副厂长、锦达陶艺公司总经理。

⊙王国祥　四方石瓢壶　底槽青泥　220毫升

作为高级工艺美术师，王国祥对紫砂壶有着40年的不解情缘。1970年，年仅16岁的王国祥进入宜兴紫砂工艺厂，师承陈福渊老艺人，并经常得到壶艺泰斗顾景舟大师悉心指教，他虚心向各位大师学习、相互交流、取长补短、共同提高，从一名普通的员工，成长为一名成熟的手工艺人。

王国祥经常说的一句话是"紫砂壶是中国文化的瑰宝"。他的紫砂壶作品继承中华优秀传统，文化气息浓郁，技艺功底扎实，几条简单的曲折线条，创造的却是造型各异、承载着丰富文化内涵的艺术佳品。

王国祥设计创作的紫砂壶以方形为主，兼工圆器，集诗词、绘画、雕刻、手工制造于一体，凝聚着他数十年如一日对艺术理想和自我价值的追求。

其作品有"大彬提梁""祥和提梁""吉方壶""宝方壶""亚明方壶""亚扁方壶"等，造型典雅、线条挺括、清晰规整、端庄浑厚。于方正中显精神，朴雅中见气韵。

⊙王国祥 秋韵 青紫泥 450毫升

基础入门

　　王国祥的作品匠心独运，妙不可思，品位高雅脱俗，造型流畅灵活，除了借鉴历史之外，更重要的是吸收外来养分。中国传统文化深深印在了王国祥的脑海里，西安碑林和大雁塔、江南古井、云南纳西族的图腾，这些传统的文化元素，在王国祥的手下都成为创作的源泉。

　　庄重、大气、古朴是王国祥作品的主要风格，如"吉方壶"作品以吸收西安大雁塔造型大气的灵感，基于大雁塔塔身造型之上，线条粗犷，体现出沉淀的历史厚重，壶底座又加以创意发挥，角线挺括润手，端庄又富有变化，稳重又不失灵巧。

⊙ 王国祥 祥和提梁壶 底槽青泥 1200毫升
　　"祥和提梁"有着传统文化中端正大方的气质，壶嘴、壶把处设计精致，犹如璞玉精琢，线条明朗，又以壶身的八方形象征祖国各方天地吉祥。
　　王国祥的作品屡获大奖，号称陶艺界的奥林匹克——四年一届的全国陶艺创新设计评比中，来自全国几十个陶艺产区的数千份佳作中，王国祥的作品"祥和提梁"荣获银奖。

王国祥认为,紫砂必须体现中华文化的内在本质,同时又具高雅、古朴的中华文人气质,并在表现中体现自我的风格。

王国祥专为2008年北京奥运会设计的"蓝天碧玉",突破思维定式,在传统文化中寻求灵动之美,壶盖与壶身浑圆一体、珠圆玉润,把手似云朵,凌空提领着壶身。正是多年不断的学习,以及对传统文化的深刻理解,铸就了王国祥自成一家的大家设计风格,对中国传统文化的深究、发掘与创新是他不断前进的动力。

谭泉海

谭泉海,谭泉海室号"陶逸轩",1939年7月生于宜兴和桥镇,1958年进入紫砂工艺厂,跟随任淦庭老艺人学习紫砂雕刻装饰。1974年参加为祝贺朝鲜"金日成首相诞辰六十寿辰"而定制的特大印花青瓷花盆的浮雕创作。

1975年进入中央工艺美术学院陶训班深造,受到著名教授和画家白雪石、梅健鹰、杨永善、张守知、陈若菊等的教导,1976年结业于中央工艺美术学院。

在1996年被评为江苏省工艺美术大师,同年又获"中国工艺美术大师"称号,2004年又被授予"中国陶瓷艺术大师"称号,系高级工艺美术师。

⊙王福君 容天壶 谭泉海书法铭款

曾任宜兴紫砂工艺厂副总工艺师、宜兴市人大副主任、宜兴市民主建国会主任委员，第七、八、九届全国人大代表，并任江苏省工艺美术学会陶艺专业委员会副主任、江苏省宜兴市陶瓷行业协会顾问、"江苏工艺美术行业高级职称评委会"成员和评委主任。

尽管谭泉海的名气如日中天、在中国紫砂界处于不可忽视的地位，其作品已达到很高的价值，但其收藏价值和市场价值随着时光的流逝，仍具有一定的潜力，也就是说仍具有较大的升值空间，这是由他的修养和艺术造诣决定的。

他的陶刻用刀多变，表现手法多样，作品多以俊秀细腻见长，亦不乏粗犷奔放、传神的佳作。

王福君

王福君，1963年生于宜兴紫砂世家，从小就受到紫砂文化的熏陶。1981年，刚满18岁的他就以优异的成绩考进紫砂工艺二厂。由于他悟性高，在同龄的艺员中脱颖而出，不久便被选拔到紫砂研究所从事壶艺研究，1990年，任紫砂壶艺培训中心主任，带徒传艺六载。

⊙王福君 云扁壶 275毫升

王福君的壶艺重传统，求精高，以浑然大气为上境。重传统，秉承先人之艺术精髓，取其所长，并根据现代的审美意识，大胆创新，形成了传统与现代有机融合的鲜明个性。

人说王福君壶如其人，质朴、稳重、大方、灵气是他的形象写照，又是他制作产品的鲜明个性。在艺术上，王福君执着追求完美，不断探索、精益求精，使其产品大气中透着逸秀，朴厚中藏着意韵，以其丰满盈逸、连通气足，有"注琉璃"畅酣之感，成为收藏观赏一族追捧的珍品。

随着王福君壶艺技术的不断成熟，国内很多知名的书法家、画家、工艺造型设计名家、鉴赏家慕名与他建立了密切的关系，王福君借他们之长，合作在自制的艺品上雕梅、兰、竹、菊，画山云秋水，刻古今诗文，妙合成趣，使其紫砂壶达到更高境界。

中国工艺美术大师谭泉海是王福君合作的老伙伴，他们精心经营了一批备受藏家珍重的产品。

⊙ 20世纪 周桂珍 紫砂壶

⊙ 王福君 福临八方壶 300毫升

丁淑萍

丁淑萍，1969年生于陶艺世家，20世纪80年代开始涉足紫砂壶的创作，系高级工艺美术师、世界艺术家联合会会员、中国工艺美术学会会员、江苏省工艺美术协会会员等。并于2005年参加了"2005中国工艺美术高级研修班"学习，获中国工艺美术学会颁发结业证书。

丁淑萍追求紫砂壶的美，追求壶艺的金石味、书卷气、民俗情。她擅长全手工制作各种紫砂艺术作品，对光壶和筋纹壶的制作颇有心得，能突出作品的精、气、神、韵。制作花器和像形壶，善于以自然为创作题材，从自然界的具体形象中提炼出高于自然的艺术典型来效仿自然。

丁淑萍的代表作"蜂巢壶""蜂菊壶"等仿真作品形象逼真，栩栩如生，具有浓郁的生活气息和自然情趣。丁淑萍的紫砂壶作品被中外收藏家争相收藏，她是收藏家喜爱的制壶艺人，深受中外收藏家的青睐。

⊙丁淑萍 风景飞鸿壶

孔春华

孔春华，1959年生于宜兴陶业世家，系江苏省工艺美术学会陶艺专业委员、工艺美术师、青年陶艺家。1984年至1987年在宜兴轻工业学校进修学习，1987年毕业于江苏宜兴轻工业学校，1992年调进紫砂工艺厂研究所从事创新设计。20世纪90年代初，与弟孔小明创建"孔家壶"。

孔春华在作品创作过程中，以继承紫砂优秀文化为基础，不断创新，作品主要在传统造型基础上，恰当地加上有规则的绞泥纹样装饰，整体美观大方，极具艺术性、观赏性、实用性，做工精细挺拔，线条流畅自然。从而逐步形成自己的风格，使作品创作达到和谐统一、雅俗共赏的艺术风格，每件作品都融注着作者的心意，散发出浓郁的东方艺术特色。

⊙孔春华、孔小明 金财福壶 "孔家壶"

⊙孔春华 福星高照壶

⊙孔春华 福星高照壶 清水泥 500毫升

⊙ 孔春华 金钱宝方壶

■ 孔小明

　　孔小明，1962年出生于制陶世家，是工艺美术师、青年陶艺家、江苏省工艺美术学会会员。1986年到1989年在江苏省轻工学校陶瓷工艺专业学习，1992调进紫砂工艺厂研究所从事创作设计，20世纪90年代初与兄孔春华创建"孔家壶"。

　　孔小明在创作过程中，受到潘持平老师指点和吕尧臣老师作品风格影响，作品主要在传统造型基础上，恰当地加上有规则的绞泥纹样装饰，整体美观大方，极具艺术性、观赏性、实用性，做工精细挺拔，线条流畅自然，风格古朴苍劲，流、把富有张力，制作精细，出水密封良好，散发出浓郁的东方艺术特色，实用收藏俱佳。

　　孔小明的"孔家壶"和其兄的作品造型类似，全是方形的，有些壶身内外满是相同花纹，为宜兴紫砂壶中的"绞泥"佳作。

基础入门

⊙ 孔小明 含苞待放壶 绞泥 380毫升 获优秀奖作品

⊙ 孔小明 啸风壶 绞泥 380毫升 获优秀奖作品

蒋建军

蒋建军，号文石轩，又名建君，1963年出生于江苏宜兴丁蜀镇的制陶世家、紫砂工艺厂高级工艺美术师、中国工艺美术学会会员、江苏省陶瓷协会会员。

蒋建军自幼受家庭制陶的影响，从小对陶瓷的制作产生了浓厚的兴趣，进紫砂厂后，一直从事壶艺的创作与设计，1989年毕业于江苏省宜兴轻工业学校陶瓷工艺专业，曾任紫砂厂锦达特艺班带班老师。1995年进中央工艺美院深造，创作期间，经常得到顾绍培老师的悉心指点，制壶技艺突飞猛进。

蒋建军的作品设计独特、制作严谨、手法新颖，在各类展评中屡屡获奖，深受收藏家和收藏爱好者喜爱。

◎ 蒋建军 长乐壶 黑料泥
2004年获北京工艺品精品评比金奖，2005年10月获杭州西博会中国工艺美术大师暨工艺美术精品博览会金奖。

吴锡初

　　吴锡初，曾用名吴夕初，1964年出生于制陶世家，江苏省宜兴市丁蜀镇人。现为工艺美术师、中青年陶艺家、中国工艺美术学会会员、江苏省工艺美术学会会员、宜兴市陶协会员、宜兴市紫砂行业协会会员。曾就读于江苏经贸院（工艺美术系紫砂专业）。于1989年创办了中国宜兴蜀麓紫砂工作室。

　　吴锡初从小对壶艺耳濡目染，后经叔父吴法林（顾景舟大师门徒）指点，加上20多年的探索磨炼，其作品内涵丰富、制作功底深厚、装饰技法巧妙老练，以光货见长。造型古朴典雅、线条圆润流畅。

◎吴锡初 梅花壶 原矿紫泥 200毫升

高群

高群,江苏宜兴人。工艺美术师、青年陶艺家、中国工艺美术协会会员、全国青年优秀工艺美术家,李昌鸿大师得意门生,被誉为"紫砂才女""中国紫砂一绝""高雅不群,大哉美哉"。

高群对紫砂壶艺有天生的痴迷,她文采婉约清丽,撰文抒发心情:"缘做紫砂人,让我今生变得如此美丽……"

高群自喻拜师米芾,自幼对艺术有特殊的感觉,习字、绘画、作诗,作为抒发情感的爱好,一直伴随着她,成为不可缺少的精神力量。对于艺术,她不断追求,走进南京师范大学美术专业,求学殿堂,寒窗苦读,问道师长,善于思考,学业自然不凡。在南师她打开了人生的智慧之窗,艺术才华已显露锋芒。

对于高群肯学、肯思考、敢于坚持自己观点的艺术品格,美术评论家陈传席教授给予高度评价:"高群天资聪慧,幼习丹青,修身养性,戏泥骋怀,遒劲优美,是知

⊙ 高群 双龙戏珠
2004年获中国工艺美术博览会金奖。

⊙ 高群 鱼跃龙门壶

高才之女不可驰骋于一艺也"。名家点拨，厚积学养，铸就了她人生崭新的起点。

高群对于文化的认知，远远超过一般人，她放弃利益和职称的诱惑，再次走进"苏州美院陶瓷专业"，善于学习，积极进取，注定了她必然成功。

范建中

范建中，紫砂工艺厂厂聘工艺美术师、中国紫砂工艺美术学会会员、江苏省陶瓷协会会员。

1968年9月生于陶都宜兴范氏制壶世家，从小受祖辈熏陶。1988年进紫砂工艺厂学习紫砂壶的设计与制作，经过中国高级工艺美术大师吕尧臣、何道洪、李昌鸿和高级工艺师葛军的指点，技艺得到了长足提高。

1994年与妻共同创建了耕陶轩工作室，一直专业从事紫砂壶设计与创作。后随葛军学艺，充分运用五色陶土的色彩图案变化，作品方圆并施、手法独特，形成自己独特的风格。

◉ 范建中 东坡提梁壶
荣获2005年第八届中国工艺美术精品博览会金奖。

◉ 范建中 山水汉铎壶
此壶器型规整，所制壶嘴短小上趋，壶较大，所绘山水画意境深远，布局合理。

范建中在手工制作上讲究精雕细刻，同时融入艺人的创作情感。其作品集工艺、绘画、金石、雕塑于一体，具有很强的实用性和观赏性。

沈杏大

沈杏大，高级工艺美术师、世界艺术家联合会会员、中国工艺美术学会会员。

1956年出生于江苏宜兴陶瓷世家，南京师范大学毕业，原为中学教师，后专业从事传播弘扬紫砂文化事业。由于酷爱紫砂艺术，沈杏大少年时就能自行设计制作紫砂壶，20世纪80年代创办东坡陶艺。

⊙沈杏大 六方芳泉
获得第四届中国工艺美术博览会"中艺杯"金奖。六方造型，圆线结合，方中见圆，圆里蕴方，方圆浑然一体。刚中有柔，柔中见刚，品六方泉水，飘飘欲仙。

⊙ 沈杏大 宝方

获得2007年大连第三届茶博会暨海峡两岸交流会茶壶比赛一等奖。

  经过多年辛勤耕耘，并经过多名大师的言传身教，沈杏大逐步形成了自己独特的艺术风格。经他制作的产品既不失传统工艺又蕴涵丰富内涵，在同类产品中更胜一筹。

  沈杏大的紫砂壶精心选料，选择黄龙山原矿纯天然紫矿料，如底槽清、本山绿泥、调砂紫泥等，运用其丰富的色泽、柔软的泥性、制造出使用性、观赏性俱佳的上乘之作。

  沈杏大的作品具有别致的造型，他本着基于生活、高于生活，体现积极向上的精神风貌，将紫砂艺术发挥得淋漓尽致，达到自然与艺术的完美结合。

  沈杏大通过绞、嵌、镶、包、贴、填等多种手法，专业地制作，使紫砂艺术更具人文气息，韵味绵长。

紫砂壶的价值

紫砂壶之所以能辉煌于当今、闻名于中外,成为收藏者热捧的藏品,是因为人们收藏的不仅仅是它的实用价值,更重要的是它的收藏价值。而紫砂壶的收藏价值体现在多方面,首先体现在文化价值上,此外还包括审美价值、工艺价值、实用价值以及投资价值等。

■ 文化价值

紫砂壶的文化价值表现在它具有悠久的历史、历代文人墨客的歌咏描述、其中国特色的工艺造就的纯朴雅致的风度、融诗书

⊙王福君 掇只壶 250毫升

画印诸艺术于一体的艺术气息、内敛朴素的性格、精妙绝伦的美学韵味，它代表着中华文化的优良传统，具有独特的中华风格，堪称中华民族"国之瑰宝"。正是因为浓郁的人文气息和丰富多彩的文化含量，构成了它高贵的文化价值，而深受海内外爱好者和收藏家的青睐。

　　一个行业的成败，往往联系着指导性理论的兴衰，紫砂壶的发展也不例外。紫砂陶的创始首先源于宜兴陶业生产工艺基础条件的存在，紫砂茶壶出现的主要因素就是宜兴是文人聚集的茶叶产地，受茶文化的推动，故紫砂壶自创始起就得到了爱茶文人的介入，他们直接或间接参与设计、题铭镌刻，题词吟咏，著书立说。

　　特别是明、清时期，出现了一批批制壶高手，后又有文人雅士参与壶的制作、题字绘画，使其更富有文化内涵，成为中国特有的集诗词、绘画、雕刻、手工制造于一体的陶土工艺品，使紫砂茗壶在实用泡茶的功能之中融入了深厚的文化内涵。

⊙ 吴锡初 高潘壶
底槽青泥 350毫升

⊙ 王国祥 圆韵 段泥 500毫升

⊙ 王国祥 扁墩壶
底槽青泥 450毫升

紫砂之文化底蕴无疑是老祖宗留下的一份宝贵遗产，也是紫砂理论的基础。随着时代的发展，紫砂文化艺术理论研究，理所当然也该有个新的高度与深度。

紫砂艺术与绘画艺术的不同之处在于紫砂陶艺的完成有一个生产工艺的复杂过程。故它应该包括：紫砂生产工艺学，紫砂史论，紫砂人文学，紫砂艺术学，紫砂品种类别记要，品评鉴定学，紫砂营销学，师承教育学，交流学，现代理念应用学质疑、勘误、修正及边缘学问如诗、书、画、印以及茶文化、陶文化、工艺美术学等。

⊙ 丁淑萍 梅、兰、竹、菊套壶

"梅兰竹菊"的创作，不仅体现了作者对"梅兰竹菊"造物之美的准确把握，更诠释着作者对君子精神的独特理解。"梅兰竹菊"套壶，仿佛四个个性鲜明的朋友，四个高雅不群的君子——梅壶是坚毅的诗人，兰壶是清幽的雅客，竹壶是俊朗的高士，菊壶是孤傲的隐者。

尽管"梅兰竹菊"各壶神态各异，但它们蕴寄的人文精神是和谐一致的，那就是宠辱不惊的君子胸怀、坚贞不屈的君子气节、纯洁正直的君子品格、傲世淡泊的君子精神。这构成了"梅兰竹菊"套壶的整体风格。

梅兰竹菊相伴，怡情、修身、养性，正是"结庐在人境，而无车马喧"的境界。在喧嚣的尘世，雅壶一套，清茶数杯，不知不觉间，已抵达内心深处的宁静。

⊙孔小明 印袍壶 400毫升

紫砂壶的文化价值突出表现在古今中外出现了一批研究和论述紫砂壶的名著，除了前章介绍的明万历年间出现的第一部紫砂专著明代周高起《阳羡茗壶系》等，还有如下著作。

1932年出版的《宜兴陶器概要》，是首次由紫砂业内人士周润生和在上海报业界工作的儿子周幽东撰写的，除艺术品论外，书中增加了业内有关原料、色釉、应用、仿造及宜兴整个陶业中粗货、黄货、砂货、黑货、溪货、紫砂六大类别陶业的情况，提出了要兴办学校、陶瓷研究所和开设工厂，培养人才，以科学振兴陶业等先进观点，可贵之处在于它有业内人士的心声与观点。

李景康、宾虹编著的《阳羡砂壶图考》成书于1937年，该书参照《阳羡茗壶系》的主要篇章，以十二类别，分考证、补遗、增添、体例等章节，内容较前书又有些发展，只是下卷图考本因时局急变没有出刊。前些年曾在台湾杂志发表了据称为此书原稿的拓印本。

日本紫砂壶收藏家奥兰田（1836～1897）曾任日本东京商会副会长，他也是一位汉学家，编写出版了《茗壶图录》一书，该书从一位收藏者和爱好者的角度，分14个章目作了表述，以白描作图，以拟人的手法给壶题名，赋予了十分贴切的个性，图文并茂，特色鲜明。

这些紫砂专著，为提高紫砂茗壶的艺术品位、文化内涵、情趣理念、欣赏价值及经济价位做出了理论性的定格，为紫砂文化的继续研究、发扬提高提供了文史依据，在近年来众多的文稿里被广泛地引用或论述。

紫砂壶的文化价值还表现在器物深沉的个性魅力和气质特点上。紫砂壶具有一种独特的朴素、笃定、散淡的气脉贯穿其间。2005年12月31日，宜兴紫砂制作技艺被列入国家级非物质文化遗产名单。宜兴紫砂界就像迎接每一场如期而至的春雨一样，平静、自然。紫砂工艺从它诞生那天起，就在轮回的花光水影中，在绵延的阳羡咏唱里，紫砂艺人心传手到，风生水起，取一块风霜历练的紫砂土，围起那天人合一的融洽，显得淡泊而宁静。这就是紫砂壶的精髓。

⊙ 刘建群 逸栖壶 原矿红泥 350毫升

⊙ 丁淑萍 彩绘壶

实用价值

紫砂壶的实用价值体现在它是沏茶的理想器具,社会上称其"世间茶具称为首",并非夸张,烧成后的紫砂壶保温性和透气性均十分理想。

古人说:"宜兴茶壶以砂者为上,盖既不夺香又无熟汤气,故用以泡茶不失原味,色、香、味皆蕴",这是说使用紫砂壶泡茶,茶味越发醇郁芳馨。

用其泡茶,使用的年代愈久,壶身光彩就愈加光润古雅,泡出来的茶汤也就越醇郁芳馨,甚至在空壶里注入沸水都会有一股平淡的茶香。根据科学分析,紫砂壶确实有保茶汤原味的功能,它能吸收茶汁,而且具有耐冷耐热的特性。

紫砂是双重的气孔结构,故透气而不渗水,因此"注茶越宿,暑月不馊",存茶于壶过夜,暑天隔夜不馊,不起腻苔,有利于洗涤及卫生。

紫砂壶的热稳定性很好,寒冬腊月,沸水注入,绝对不会因温度急变而胀裂。且砂质传热缓慢,使用提携不易烫手,性耐烹烧,可放在温火上炖烧,如用以烹蒸无须担心开裂。

⊙ 清晚期 陈光明制并刻"右鲁大父"铭文紫砂壶

工艺价值

工，是紫砂壶价值的灵魂所在。一把壶的制成要经由几十乃至上百道工序。只有严格把关，才能使壶恰如其分地体现紫砂泥的温润。

好的紫砂壶除了壶的流、把、盖、肩应与壶身整体比例协调之外，点、线、面的过渡和转折也一定要交待清晰。

优秀的艺人将自己的艺术灵气赋予紫砂泥，塑造出紫砂壶的胎骨，入窑烧制，使得紫砂壶成为一种艺术品。

手工创作一把紫砂壶要消耗一个星期甚至一个月的时间，这凝聚了紫砂壶艺人多年的积淀，也体现了其工艺价值。

审美价值

紫砂壶作为中国传统的工艺品类，与奇石、兰花一起被古人并称为文人三雅。紫砂壶的审美价值表现在多方面，主要可以从形、神、气、态四要素观察。

形，即外貌。"壶经久用、涤拭日加、自发自然之光、入手可鉴"，紫砂器使用越久，器身色泽越发光油、玉色晶光，气韵温雅，真正具有"久日色泽生光明"的特点，这正是审美价值的体现。

⊙ 王福君 福临八方壶 650毫升

神，即神韵，一种能令人意会体验出精神的意味。赏壶与品茶都是一种人生境界，两者皆能洗尽浮华，使心灵沉静，是一种"生命的救赎"。

气，即气质，壶艺内涵的本质美。正所谓"壶小乾坤大"，紫砂壶集壶艺、诗词、书画、篆刻于一体。好的紫砂泥决定了此壶透气与保温效果俱佳，泡茶不走味，贮茶不变色。这也如人生一般，心地坦诚才能通透宽厚。当心浮气躁或情绪不佳时，品一杯茶，细赏一把紫砂壶古老的生命和这背后说不尽的故事，一切如氤氲的茶香清爽而淡远。

态，即形态，作品的高、低、肥、瘦、刚、柔、方、圆的各种姿态。从以上几个方面贯通一气，才是一件完美的好作品。

此外，精湛的技艺，是紫砂壶审美价值的重要构成部分，也是判断一件紫砂壶作品优劣的准则。

藏壶赏壶都是很内敛的事情，不为升值、不为炫耀，只是与壶对话，为自己收藏一种心情。壶与火相遇，紫砂蜕变为金玉之质；人与壶相逢，壶成了爱壶者无言的诗歌。

■ 资源价值

紫砂壶的价值也体现在泥料的资源价值上。紫砂矿储量有限，由于人们对紫砂壶的钟爱，几百年不停地开采紫砂泥，使得紫砂泥的矿藏越来越少。在清朝末期，红泥中的极品——朱泥就已经绝迹。而现代工业化的大规模开采更加速了紫砂泥这种不可再生资源的消失。而紫砂泥中泥质最好的，如"底皂泥"，因开采量及使用量大于其他泥种，便以更快的速度在减少。据紫砂界人士说，中国紫砂已经面临紫砂原矿减产、消失的尴尬局面，宜兴的紫砂矿层只能提供最多50年的原矿开采（也有专家不同意这一观点）。也有人说，以后人们只能在记忆中去寻找紫砂原矿，

◉孔小明 唐草提梁壶 400毫升
获三等奖作品。

而用纯正紫砂泥做的紫砂壶，因其在使用和保存中不可避免地消耗，存世量将会逐渐减少。正因此，纯正的紫砂泥资源越来越体现出更高的资源价值和收藏投资价值。

2005年，宜兴市政府实施紫砂原料"禁采令"，冻结紫砂泥开采，使得紫砂泥价格骤升，好的紫砂泥甚至可卖到上万元一斤，由于石油、煤、电等能源价格上涨，烧制成本涨了近两倍，紫砂壶的价格自然也迅速攀升。只有真正的好壶才舍得使用紫砂泥，都是紫砂壶艺人在2005年之前挖采储存的，大量的紫砂壶其实使用的是类似紫砂泥的陶土。

■ 投资价值

紫砂壶作为传统的收藏门类，近年在收藏市场表现颇佳。一是由于紫砂原矿资源有限；二是紫砂自身的文化特性凸显其投资价值。

紫砂的文化特性与中国传统书画很相像。一件真正意义上的紫砂艺术品因其创作流程等诸多不确定性，其内在的价值也是一般其他工艺品无法比拟的。

一件紫砂器从出炉时的颗粒相对糙杂，再到使用过程中抚摸泡养以后变得富有光泽，其间物与人的亲近，事实上培养了情感，而这种情感正是紫砂特有的人文精神的体现。而这些内容也是紫砂的升值基础。

一件清末民初的普通紫砂器如今的身价都要近万元，清中期文人壶价格更高，完整的价格在数万元至数十万元。但是有一点必须明白，不是每一把壶都能升值，把紫砂当作投资品更需要花工夫研究。

紫砂壶本身具有的艺术性，使其价格难统一，其价格空间很大。便宜的如注浆壶只几十元，半手工壶百元左右，全手工壶的价格差异最大，普通技师所做的壶一般低于千元，而国家级高级技师所做的壶少则成千多则上万，个别著名紫砂艺术大师做的壶就有可能卖到几十万元。表现出了较高的经济价值和投资价值。

为什么紫砂壶有如此悬殊的价格呢？因为紫砂壶的工艺要求是很高的，一般的工艺美术师及大师都很注重设计研究，设计后再做精、做细、做难度，这样的壶自然数量极少，所以其价值要高得多。

什么样的壶具有投资价值呢？在一般情况下，同一款式的壶，知名艺人一辈子只做10把或10把以下，除非珍藏家强烈要求想得到这把壶，才重复制作，但总量不超过20把，就有较高的投资价值。假如某一人一直把几个品种翻来覆去制作的话，那该人已经失去创作能力了，而壶的价值晋升潜力也不大了。

但当一个大师级的艺人，因年事已高，大脑失去理念和思维功能，或证实他将要失去其功能，他的手也不听大脑指挥了，他不能再去做茶壶时，也正是他的作品投资价值将要大幅提升的时候。

⊙清 孟臣 朱泥水平壶

只有在做精、做细、做难度时才会找到很多美感和创意，一个富有理念、灵感和创意的艺术家不断推出新品，这样的艺术家的作品投资价值就高。

如不能出新品，也就等于证实这个艺人已停留在某一水准了，只能承认他过去是工艺美术师，现在已经成了工匠，如此，他的作品也已经没有很大的投资价值。

但对于他的作品的价值判断，要根据以下几方面判断有否投资价值。

如大师级别的艺人不出新品，可以说他已失去设计能力，或已经不做了，那么，他以前的作品，尤其是精品、极品、孤品，将随着年代而增值。

假如普通艺人不出新品，可以说已失去设计能力，他以前做的普通壶只能是保值，或者说没有增值潜力了。

⊙ 清 杨凤年 风卷葵壶

因为失去设计能力的壶艺人，就难以出精品了，更不用说出极品。拿老品种重复做，往往不会做精，且同一品种做得太多，也就渐变为商品了，甚至将以前做的精品壶的价值也拉低。

大师自己不能做了，而请人帮忙做，然后打上自己的大印，这就是代工货了，与其以前的个人作品相比，这样的作品没有投资价值。

收藏者不能过于关注投资价值。就目前市场来说，对于初步入门的收藏者，好的壶500元左右是可以接受的。但动辄数千上万的壶，尚不知道是否大师级艺术家的作品，这样的作品价格就偏高了。

从投资价值考虑，目前不妨关注明、清时期的老壶，因老壶不可复制，现存已非常少，文人老壶和名人老壶就更少，它们距今也好几百年了，至少有百年历史，也算得上是古董文物，其艺术价值不比名人字画低。

目前，有的老壶成交价才万元左右或几万元，价格显然偏低，而且明、清的老壶制作要比现在复杂得多，就泥料这一项来说，古时没有现在的开采技术，紫砂矿完全靠自然风化，得到的颗粒还要进行人工炼泥，也就是加水沉浮，这一过程短则数年，长的要十几年才能完成。较之现代机械化的工艺，老壶应该更有收藏价值。

紫砂壶的价值误区

紫砂壶的收藏热已有三十年了，跟热潮跟得紧的收藏者，家里往往会有上百个壶的壮观景象。但是，紫砂壶的收藏热也提前透支了行情，近几年来，价格飞涨的势头不再，目前已从狂涨狂跌趋于平稳，有的热门艺术家的作品价格在高位盘整。

紫砂壶艺术已经达到了较高境界，随着紫砂壶收藏热、市场热,也有越来越多的人加入紫砂壶制作行列。也有些并非紫砂产地宜兴地区的艺术家,如全国各地一些美院和工艺美院的毕业生,也纷纷介入紫砂壶创作。这固然是可喜的,但另一方面,物多则滥,滥则不珍稀,而作为收藏品的紫砂壶,其价值是由艺术性和珍稀性决定的。在诸多的紫砂壶品种和风格迭出之时,如何才能判断紫砂壶的价值?紫砂壶艺人和艺术家在追求艺术价值和工艺创新的同时,还应更多关注紫砂壶的文化价值。

紫砂壶文化内涵的注入,在当代是这样表现的:但凡遇到重大庆典或纪念日,就会有纪念壶隆重推出,国家有大事,要出纪念壶,生肖要出、科技进步要出、名人百年要出、重大活动要出、历史事件要出、国庆要出、校庆要出,最幽默的,就是远在大洋彼岸的美国前总统老布什80诞辰,都出了紫砂纪念壶。并非说紫砂纪念壶就不应该出品,纪念壶的大量出现,一方面说明了紫砂壶文化在当代的繁荣,另一方面,某些纪念壶似乎已经变味。某些纪念壶,是请名家设计或监制,在壶身上刻几个字,或者一个简单图案,在壶身上结合纪念意义作一个小变化,也不管这变化是否与紫砂壶本身的韵味切合。纪念壶往往是限量发售,要卖上千元一个。有些"文化含量高"的壶,因为是名人题字,或者是某个珍稀文物的拓印,身价更高。有识之士提出质疑:这样的紫砂壶真的就有了文化吗?紫砂壶有了这类急功近利的"文化",其热潮则难以持久。

所以,收藏者和投资者要谨防紫砂壶的价值误区,而真正有艺术追求和文化品格的紫砂壶艺术家,也是拒绝这样的价值误区的。他们埋头制壶,不管外面的世界如何变化,万变不离其宗,就是继承传统、推陈出新。这样的紫砂壶艺术作品,无论何时,都体现了不变的文化艺术价值。收藏者收藏这样的作品,就是用行动抗拒价值误区、回避价值误区,必将得到丰厚的回报。

鉴定鉴赏技巧

紫砂壶的赝品及其鉴定

紫砂壶的鉴定与甄别通常有以下几种方式：一是断代。紫砂壶的形状、款识、泥质和技艺等，在每个时期都有不同的特点，可以从一些重要特征入手进行鉴别；二是识别制作者。主要通过制作者标示的署款来识别，其署名特点至关重要；三是辨伪。这方面的专业要求非常高，不仅要知道断代和分辨作者，还要掌握各个名家的制作特点、款识格式和擅长技艺，尤其对早期紫砂壶，其辨别难度更高，稍不留神或道行不深，就极容易看走眼。

近年来，尽管紫砂壶赝品泛滥，但并不影响收藏者和投资者参与，毕竟绝大多数赝品均属粗制滥造之列，识别也较为容易，而且这些东西一般售价较低，大量属于地摊商品，投资者完全可以抛弃这类紫砂壶，而选择有可靠来源的品种，或到拍卖行中竞拍。

随着岁月的流逝，传世的紫砂名壶成了历史遗留下来的珍贵文物，为国内外博物馆及收藏家所悉心搜求。可是明代的名家名壶，到清初已极为珍贵，不易获得，即使是清初陈鸣远等名家的作品，在清末也已十分稀少。于是，为了满足某种需求，也就出现了作伪、赝品。

关于紫砂壶艺历史上的仿制，由来已久。早在明代，文献上就有时大彬"仿供春得手"的记载，传器有"仿供春龙带壶"，说明时大彬曾仿制过供春的作品。时大彬成名之后，仿制大彬壶的人也很多，文献记载中就有所谓"李大瓶，时大名"的传言，即说明大彬壶也有李仲芳所制作，大彬"见赏而自署款识"。还有名家陈信卿，善仿时大彬、李茂林之传器，文献说信卿还"多削改弟子作品而署款"。可见有些制壶名家的作品，实际上是其弟子所制。

在清代，制壶名家杨彭年的女儿杨莲凤，据传所制茗壶多盖杨彭年印章，故而少见莲凤印记的壶艺作品。近代(民国初年)，制壶名家程寿珍的儿子程盘根，所制茗壶的落款很多是使用他父亲的印章，特别是那枚"八十二老人作此茗壶巴拿马和国货物品展览会曾获优奖"的印章，程寿珍逝世后也一直由程盘根保管使用。

◎时大彬 仿供春龙带壶

再说现代的紫砂行业中，徒弟制壶钤师傅印章者有之，儿子、儿媳及女儿、女婿制壶钤父母亲印章者也有之。其师傅、父亲、母亲都是相当有名望的紫砂名家，也如此作假蒙骗世人，其他陶人作假的情况就可想而知了。传世的紫砂茗壶，问题比较复杂，为了分清是非，去伪存真，就必须进行鉴辨。而要学会鉴辨紫砂茗壶，就必须既要知真，又要知假；如不能知假，也就难以辨真。所以，我们对紫砂茗壶赝名作伪的各种情况，也应有所了解。

紫砂壶艺历史上的仿古作伪问题，早在19世纪中叶和20世纪初期，一度也曾出现过模仿古代名家名壶的热潮，其复制作伪的方法有三种：第一，按照名人的传世名壶进行模仿复制；第二，一些古玩商人根据紫砂壶艺史籍记载的品名，通过艺匠臆测构思设计制作；第三，将一些品位高雅、工艺精致、形式完整的所谓高档次紫砂茗壶签署历代各名家的名款或伪仿印章加戳于壶上。

⊙刘建群 沁泉壶 原矿紫泥 400毫升

第一种情况的仿制者往往都是在茗壶技艺上有名气，无论在技艺上、泥色上都远远超过历史原作，所以将模制品与明代或清代初期传器相比，都显示出后代模仿品的高水平，其价值下真迹一等，有些作品的价值还要超过原作，碰到这样的仿制品可以说是三生有幸，可是难以企及、可望而难求。至于清初延至中期的几位杰出的大家，如陈鸣远、项圣思、邵大亨等名家的旷代佳作，尽管复制者技巧很是精工，总觉得在神韵上有所不逮，不免囿于玉与燕石的差别。但是，这类作品流传至今日，一旦偶为好事者所得，当然还是很有赏玩珍藏价值的。它应当区别于现代的假冒伪造的赝品。

第二种是近年出现的借图谱伪造再仿的技低质劣的假中之假的茗壶产品。作假人虽也有一些过硬功夫，但风格和韵致皆不对路，所以做出来的茗壶很难得要领，很难做到原品形、神、气、态的和谐。稍有紫砂壶艺常识的人，一看便知。

第三种假冒名家的伪作赝品，只要了解某些名家名作的壶艺风格、形制、技巧手法、艺术擅长和款的艺术形式，一戳即穿。因此，凡遇名家的茗壶，千万要小心慎辨。紫砂茗壶的鉴辨对象，主要是传世茗壶和当代名人的作品。明、清流传下来的紫砂茗壶中，真伪参杂，鉴辨有一定的难度。而当代制壶技艺已经相当成熟，赝品伪作有些已达到了真伪难辨的程度。当今紫砂茗壶作假的方法尽管很多，但归根结底都不外乎以下三类：一是地地道道的完全作假；二是新壶做旧；三是代做的紫砂茗壶。代做的茗壶虽然说它是假，但又和前二种作假有所不同。

完全作假的紫砂名壶。一种情况是作伪者没有见过真品，只知其大名，而不了解其作品风格。这类伪品的特点，不是制作技艺高超，就是制作手段较为拙劣。这类伪品大致可分三个时期。第一，若是同时期即明末紫砂艺人仿制的，那么伪作的壶体造型

⊙ 顾景舟 提壁壶 真品

⊙ 顾景舟 提壁壶 赝品

和款识，基本上接近时大彬的风格，较难辨别；第二，清中期的伪品，作伪者制壶技艺较高，可惜壶上的印章款识，不符合真品特色，容易鉴别；第三，清末和民国时期的伪品，壶艺制作手段一般，即壶底或壶盖都有印章落款，更易明辨。大彬壶上不可能出现刻款和印章并用的情形。

十几年前曾出现一批仿陈鸣远的茗壶伪品，有自然形和几何形二种款式，几何形体为小型鼓腹，简称"一手壶"，壶底使用的印章是四字楷书款"陈鸣远制"，显然，作伪者是根本不了解陈鸣远印款。

另一种完全造假的紫砂茗壶，是参考出版物名家名壶影印本仿制和以实样仿制。这种仿法，自清末、民国时期，一直沿用到现在。从事紫砂壶收藏和鉴定，必须了解这些情况。对于伪作茗壶，辨别真伪时，一定要谨慎地细心察看，发现破绽要认真研究分析。同时，仿品的一些薄弱环节，如有名人刻款的茗壶，要三思名人刻款的风格特点，刻字笔画的多或少。有名人装饰的茗壶，要细看其装饰手法，大凡名人的装饰特点是一巧、二细、三气质佳；而伪品的制作一是功力不够，二是缺乏这种艺术境界。依葫芦画瓢的东西，终究不可能成为高雅艺术品。

20世纪80年代末和90年代初期，随着紫砂壶收藏的热潮在中国香港、台湾及东南亚地区掀起，所有这些赝品伪作的手法，最常见的是新壶做旧。细心察看名壶有无作伪痕迹，这是顾景舟大师的一种鉴辨技巧。有的人在造假作伪时，面覆满旧茶迹，但壶盖和壶颈子口的吻合之处，并无长期使用的磨损痕迹，这就露出了马脚。

关于新壶做旧。这种作伪伎俩是随着国内外对紫砂壶爱好的兴起而出现的，是一种不择手段牟取暴利的卑劣行为，而且随着时间的推移，其做旧方法越来越多。新壶表面都有一层新器的光

⊙ 清 黄玉麟款 炉钧釉紫砂壶

泽，如果去除这层光泽，就可作为旧壶出售，以假乱真。所使有以下几种：

①将新壶放入浓重的红茶汤中煮烧，经过一定时间后取出，待干燥后再投入，这样反复操作以达到除去新光的效果。这个方法是从玉器、瓷器做旧的常用方法中借鉴来的。经过处理的新壶成色黯然，成了一把做假的老壶，欺骗买主。

②将新壶埋在地下，使新壶在地下水和土质(酸性或碱性)的作用下，自然退去新光，这与铜器做假的方法一致。

③在新壶上擦拭同色的皮鞋油，鞋油吸附在紫砂壶表面，掩盖壶的新光。由于鞋油色泽与壶色一致，所以很像老壶。但这种做假因有鞋油的异味，容易被买主识破。

④用浓茶汁、食油、酱油、醋、糖调和在一起，涂抹在新壶表面，或者将壶放入加温煮煎，使调和汁吸去新光，达到做旧的目的。这种方法也容易被识破，壶表面的油腻用手触摸即可感觉到。

此外，还有一些制壶陶人，技艺精绝，名声显赫，其制品为时人所钟爱，订购者众多，应接不暇，于是让徒弟或请同时代制壶陶人，即自己的师兄弟代为制壶，自己署款。此种紫砂茗壶，虽然与后世的作伪有别，但毕竟不是本人所制，也给鉴辨带来种种困难。鉴辨一件紫砂茗壶的真伪，判定其是历史遗留下来的真品，还是后世的仿品或伪造，要从造型的时代风格、泥料、工艺、装饰的特征、署款铭记的方式、内容等几个方面，进行全面分析，才能得出正确的判断。

■ 如何鉴定紫砂壶的优劣

收藏者的紫砂审美要集合料、工、款三者综合考虑，好壶的判断正是根据料、工、款决定的。实际审美鉴赏时，有些收藏者却不能把握要诀，顾此失彼。所以初级收藏者不要急于下手收藏，先多了解、多看、多摸索。

好壶就是收藏价值高的壶，一把好的紫砂壶要具有以下几个特点：

第一，好的紫砂应该有玉的质感和砂的肌理感，料的优劣与泥料粗细无关。

紫砂壶的料要注重肌理感，即能突出紫砂的特性，用行话来讲就是"紫玉金砂"。好的紫砂应该有玉的质感和砂的肌理感，通俗地说，就是有颗粒状附在紫砂表面形成的效果。大部分收藏者在这方面的认知有误区，通常认为泥料粗的壶档次不够高。实际上，壶的优劣与泥料的粗细无关，各有风味，细腻的泥料也要具备肌理感，这样才能称得上是好泥料。

紫砂审美时，料是第一位的。料的品种要通过实物来辨别，不管是何种紫砂泥料，纯正度是第一要素，即不能掺杂化学料。另外，料的肌理感好才能突出紫砂的特性，目前市场中比较盛行

⊙ 刘建群 汲泉壶 紫泥 260毫升

⊙高群 富足提梁 紫泥　　⊙范建中 鱼乐提梁壶 紫泥

的泥料越细越好的观点反而是泥料审美中的误区。宜兴不同地区产出的各种泥料所表达的审美效果通常有不小的差别。

第二，工，即工艺，是评判紫砂壶优劣很重要的一环。好工讲究"三点一线"，即壶嘴、壶纽、壶把在同一直线上，壶盖讲究紧密，整体壶形比例适当。在实际选购紫砂壶时，去掉壶盖，壶嘴、壶柄及壶口是在一个水平面上的。也就是说如果将茶壶倒转放平，基本上是可以和水平面保持一致的。

另外，将壶中水倒出时，手按住壶盖的小孔或流口，水如果涓滴不出或壶盖不落，则表示是一把好壶。

第三，款，是指紫砂壶作者的印章款识，是收藏者辨别紫砂壶真伪的一个重要因素，如果有名家在壶上题词镌刻，壶的价值就会更高一些。

此外，从功能上来看，紫砂壶泡茶，茶味不易霉馊变质。并且，如果有水溢出壶外，水很快就被壶吸干了。如果是好的紫砂壶，使用过后，即使空壶沸水注入，也有茶味。用过的茶壶，表面比新壶更光滑。

如何鉴赏紫砂壶

紫砂壶，造型简练、大方，光彩淳朴、古雅，它不仅仅是实用器，更是艺术品。紫砂壶的艺术包括几个方面，一是紫砂壶的艺术性，二是紫砂壶的艺术价值，三是紫砂壶的工艺，四是紫砂壶的艺术审美，即艺术鉴赏。

对紫砂壶的鉴赏可以分为两个部分，一为"鉴"，鉴别手工壶和模具壶；二为"赏"，这主要针对手工壶，欣赏其艺术美感和价值。大多数收藏家收藏名家紫砂壶都不是实用的，而是用来鉴赏的。具体而言，紫砂壶的鉴赏要从泥、形、功、款、用等方面着眼。

形的鉴赏

紫砂壶的"形"千变万化，因为具有投资和收藏价值的紫砂壶皆由手工做成。紫砂壶不仅聚集了手工艺人的创作智慧和心血结晶，更体现了手工匠人对紫砂壶的理解与期望。紫砂壶作为中国茶文化不可或缺的一部分，其所追求的意境，应与茶道所追求的"涤

⊙ 高群　云龙壶　朱泥

⊙ 范惠 中华大同壶 红心砂泥 360毫升

净烦嚣、淡泊明志、超世脱俗"的意境相融洽,所以具有"古拙韵味"造型的紫砂壶才能被中国的传统文化所接纳。

紫砂壶在制作形态上可以分为仿真花器和传统素器两大类,仿真花器是以自然界的动物、植物为本而入艺。这类紫砂壶要求制作精细,装饰与实用结合要和谐而不显牵强,也不要莫明其妙地夸张。仿真花器属于自然形的茶具,直接模拟自然界的固有物或人造物来作为造型的基本形态,行话里也称为"花货"。

素器是以简单的几何造型为器型,没有任何多余的装饰物,俗称为"光货"。"光货"的设计制作是最能鉴别功力的,要求每个过程都要做到有骨有肉,骨肉都要有自己的特质、性格和规范,要求看简单的线形、比较丰富的内容,在统一中求变化,应该做到"方非一式、圆不一相",在变化中求统一。方形和圆形是最常见的素器造型,源于中国传统文化中"天圆地方"的观念。一般来说,方壶制作难度大,成品率低。在紫砂壶历史上,方壶传世的总量远远不及其他壶量多。欣赏素器首先要看壶身、壶盖是否丰满,方器是否不内夹,圆形是否不瘦瘪,再看壶嘴和

⊙ 范惠 雄霸天下壶 红心砂泥 360毫升

⊙ 清　康熙　画珐琅牡丹紫砂方壶

壶把的组合外切空间线条是否流畅。在紫砂行业内有这样一句师徒相传的谚语："壶把随着壶身走，壶嘴顺着把末出。"形象地说出了其中的奥秘。

紫砂壶的造型技法与国画之工笔技法，有着异曲同工之妙，也是十分严谨的，如点、线、面是构成紫砂壶形体的基本元素，在紫砂壶成型过程中，必须清清楚楚，犹如工笔绘画一样，起笔落笔、转弯曲折、抑扬顿挫都必须交待清楚。面须光则光，须毛则毛；线须直则直，须曲则曲；点须方则方，须圆则圆，都不能有半点含糊。

紫砂壶的美，体现在完美的形象结构、精湛的制作技巧和优良的实用功能。形象结构重点指壶的嘴、把、盖、纽、脚，应与壶身整体比例相协调。

艺的鉴赏

紫砂壶"艺"的鉴赏就是对紫砂壶艺术的鉴赏。紫砂壶的艺术性表现在多方面,说它雅趣温润如君子,是艺术性的内涵升华。紫砂茶壶质地纯朴,不媚不俗,"温润如君子"。

紫砂壶艺是集实用、赏识、把玩三种功能于一体的艺术,又是能包容吸收陶文化、茶文化,以及书法、绘画等多种传统文化于一体的艺术载体。书法绘画艺术观赏性很强,但缺乏实用性、把玩性;而紫砂艺术不同,既有很高的欣赏价值,又能在使用中把玩,既有合用美感,又有视觉美感,亦有把玩抚摩的触摸美感。

能称得上"壶艺"二字的作品,是反映文人、艺人才智的载体,艺术追求的是新意和创意,一味地仿古、模仿他人、借型改装、翻过葫芦变成瓢,称不上创作,严格地说称不上"艺术"二字。

艺术创新是建立在对传统的继承基础上的。美国有个学者叫希尔斯,他有一段论传统的名言:"传统是一个社会的文化遗产,是人类过去所创造的种种轨制、信奉、价值观念和行为方式等构成的表意象征,它使代与代之间、一个历史阶段与另一个历史阶段之间保持了某种连续性和统一性,构成了一个社会创造与再创造自己的文化密码,并给人类生存带来了秩序和意义。"

⊙ 明 孟臣 梨皮朱泥壶

紫砂艺术是我国的传统艺术，是民族瑰宝，传统靠什么来继承呢？紫砂壶艺术大师蒋蓉认为，要靠立异来继承，要靠发展来继承。今天的传统在昨天是立异，那么今天的立异到明天也成了传统，如果不去标新立异，艺术之花就将枯萎。

紫砂的技艺是反映紫砂语言的基本功，需要一代一代的继承，紫砂应更多地向文化方向发展。传统是民族艺术的根脉，立异是传统艺术的生命，两者相辅相成，构成并促成传统的发展，这就是继承和发展的关系。

艺术需要他人的认可，收藏家心里想珍藏的东西最好是原创之作，追求的是物以稀为贵。紫砂壶艺的特殊性和市场需求的特殊性促使前辈壶艺作者创作了不少新品，也重复了不少作品。重复的作品通常不是艺术，但很奇特，在紫砂壶上，大师重复的作品也同样有很高的价值，这和其他艺术品是不同的。

⊙ 明末清初 圣思款 紫砂桃杯

工的鉴赏

工,是紫砂壶价值的灵魂所在。一把壶的制成要经过几十或上百道工序。只有每道工序精心制作,才能使壶恰如其分地体现紫砂泥的温润,才能使"形"具有考究的基础,才能使不同紫砂壶的"款"和"工"有了相互比较的根本。

紫砂壶的工艺有独特的流程,首先是泥料的制作,其过程如下:从矿层中开采出的紫砂泥,似块状岩石,经露天堆放、摊晒、风化后使其疏松,风吹雨打数月后,自然松散如黄豆大小,再用石磨或轮碾机碾碎,用不同规格的筛网筛选后,加水拌匀,掇成湿泥块,俗称生泥,由搅拌机搅拌成一块块泾泥,用木槌反复敲打,经堆放陈腐处理,再把腐泥进行真空炼泥,这样便成为供制坯用的熟泥。

紫砂壶的"工"其实是技术和艺术的结合,而技术和艺术的关系是相辅相成的。技术是手工,是千锤百炼、功到自成。艺术是灵感、发现、提炼、创造、厚积薄发。

⊙ 明 蒋时英 英雄美人壶

世界上制陶的方法多种多样,有拉坯法、泥条盘筑法、压模法和注浆法等,每一种方法都有各自的技术。

宜兴有着七千年的制陶历史,宜兴陶工在经历了不知多少年的试探,根据宜兴陶土的特点,独创了一套和世界上所有手工成型方法不同的技术,这就是

⊙ 徐美萍 纳福壶 民国绿泥

⊙明末清初 陈子贵 南瓜壶

把陶泥放在木制的泥凳上，先锤打成片，然后把泥片围筑成圆型或镶接成方型，再用木拍子拍打成型。这种成型方法学术界称之为"片筑法"，比其他方法制陶操作简朴、技术性更强，所制的陶器用宜兴话来讲就是"泥门紧"、成品率高，而且体轻耐用。

宜兴紫砂壶工艺是从日用陶中脱胎出来的艺术陶瓷，"片筑法"是全手工成型，因为茶具、茶壶的体积比其他日用陶体积小，加上功能要求是泡茶、品茶之用，所以技术性更强、更细、更精。几百年技术上的不断改进，使紫砂茶具演化成了一门有独特语言的艺术陶瓷，这个过程当然是文化人和艺人们共同创意的过程。

紫砂壶全系手工制作而成，造型风格品种繁多，所谓"方非一式，圆不一相"，形制典重质朴、轮廓周正、线条清晰、比例恰当，茶壶的嘴、把、盖既有本身谨严完整的优美形体，又要与壶身互相辅衬，成为一个和谐完美的形体，并同时考虑实用效果。

紫砂壶的文化在于其全手工的捏制之美。要看其线条、比例好不好，是否流畅，有没有气韵。好的紫砂壶，应该有神韵，应该有美学上的各种名目，如拙朴、端严、华丽、大气等，好的紫砂壶是材质、工艺、造型、内涵的完美统一。

好工包括恰好的火候，鉴赏壶也被称为是"玩壶"，很多时候是指"玩"紫砂壶窑烧的"火候"。在千度以上的高温窑中掌握火候非一日之功，温度过高易变形成为残废品，也就是民间常说的"窑烧白光"。这是温度过高让紫砂泥中所含石英玻璃化的原因所致。

恰好的火候可以使壶的泥面没有闪亮的细小白色银星，在自然光照下细看能有几种反射的色光，反射的色光越丰富泥质越好，反射色光呆板而单一的不可能是好泥质。

好的紫砂壶是长期的手工积累以及文化修养、内心情感的自然流露，因此好的紫砂壶才能让人们心甘情愿掏出钱来收藏。

◎沈杏大 六方天机
获得第二届中国陶瓷艺术节新人新作作品评选二等奖。

功的鉴赏

紫砂壶的另一价值体现在紫砂壶的使用"功"能上。紫砂壶的功能美表现在这几个方面：一是容量适度，二是高矮得当，三是口盖得严紧，四是出水要流畅。

紫砂壶与其他艺术品最大的区别，在于紫砂壶具有很强的实用性，即功能。它的"艺"全在"用"中，"品"如果失去"用"的意义，"艺"亦不复存在。紫砂壶"功"的鉴赏涉及多方面的知识。

紫砂壶的第一功能是使用，因此首先要用得顺手，可以用手拿着壶把，根据自己的习惯用一手指按住壶盖看是否舒服，且其他手指不会触及壶身，否则会因烫手而拿不住壶。然后，还要看壶盖与壶身是否有间隙，间隙太小或太大都不行，标准间隙是左右摇动时能听到轻微撞击声，大约2毫米的间隙为佳，盖边线跟壶

⊙清 王东石制紫砂小壶 （一对）

⊙ 郭强 梅花周盘壶 紫泥 350毫升　　　　⊙ 季益顺 劲竹壶

口线要整齐服贴成一线，转动时不会出现太大的距离。另外，还要看壶嘴出水是否流畅，同时也要考虑色地和图案的脱俗和谐。

按目前大多饮茶者的习惯而言，一般容量在200～350毫升为最佳，其容量在四杯左右。手摸手提只需一手之劳，故称为"一手壶"。

紫砂壶的高矮，各有用处。高壶口小，宜泡红茶；矮壶口大，宜泡绿茶。但又必须适度，过高则茶易失味，过矮则茶易从壶口溢出，壶嘴出水也很关键，凡此种种都属于功能美的标准。

"功"好的紫砂壶经久耐用，自发黯然之光，入手可鉴，器身玉色晶光，气息温雅，藏家以边喝边把玩摩挲为乐事。

泥的鉴赏

紫砂壶得名于世，根本的原因是紫砂泥的特殊优越性能。真正好的泥料做的壶一眼看去颜色纯正、颗粒均匀，无杂质、瑕疵。

许多陶瓷专著分析紫砂原材料时，均说其含有氧化铁的成分，其实含有氧化铁的泥全国各地都有，但别处就产生不了紫砂，只能有紫泥，这说明关键不在于氧化铁，而在于紫砂的"砂"字。

⊙ 高建强　高井栏壶　四号井底槽青泥

⊙ 高建强　文旦壶　四号井底槽青泥

⊙ 徐美萍　汉权壶　民国绿泥

紫砂壶具有保味功能好、泡茶不失原味、陈茶不馊、暑天越宿不起腻苔、经得起温度冷热剧变等特点。这些特点都源于紫砂泥具有其他泥没有的双透气孔结构，这种结构使紫砂壶能比其他材质的茶壶泡出更香的茶，同时能较长时间地保存茶水而不变质。因此，在中国紫砂泥是唯一的。用唯一的泥做出的壶当然也是不可替代的。

好泥质表现出好的观感，用开水注入壶中能使壶的泥色变深，这叫显色性。颜色变化越大、泥质越好可养性就越大，只有纯正好泥质才能养出婴儿肌肤般的细腻手感、光亮如古镜的典雅古朴之视觉感受、着色圆润而深厚的古玉风范。

名的鉴赏

紫砂壶的"名"是指壶的作者,作者的名气构成了紫砂壶的附加价值。

著名艺术家都注重作品的独创性,这是保住其名气的关键。因为紫砂壶艺的需求不同,同一件造型的新作可能要的人会有很多,所以艺术大师也常常思考,如何解决原创性、单件性与需求的矛盾,可否使统一原创造型之作变泥色、变装饰,一壶多变,避免重复,真正做到"物以稀为贵",这是有创新精神的大师的追求。

鉴赏当代紫砂壶名家的作品,能感受到不同艺术家的独特风格。

季益顺的作品温柔敦厚又棱角分明,在方与圆中,尽情挥洒表现桃红柳绿的妩媚、竹影梅风的爽朗、冰清玉洁的玲珑,给鉴赏者以莫大享受。

王国祥的作品造型典雅、线条挺括、清晰规整、端庄浑厚,于方正中显精神、朴雅中见气韵。

⊙王国祥 倒把西施壶 底槽青泥 300毫升

王福君的作品大气中透着逸秀,朴厚中藏着意韵,文气十足,丰满盈逸,诗情画意,百看不厌。

潘孟华的作品古朴中流露出秀逸,融会传统,又独出心裁,清高孤傲,又情思绵绵,于细微处见精神。

丁淑萍的作品于传统底蕴之上凸显现代意识,深厚的技法功力,飘逸的灵气、才气,细腻抒情,诗意盎然,在她明丽的世界里,营造了一方生机勃勃的天地,歌咏着世界的美好,跃动着生命的活力。

⊙潘孟华 寒梅

⊙丁淑萍 泥绘飞鸿壶
荣获第四届中国工艺美术博览会"中艺杯"金奖。

鲁文琴 得乐壶 黄龙山红泥 350毫升
全手工制作，壶嘴弯曲上翘呈趣，壶把与壶嘴气势贯通。高高的纽子使壶体蛰伏中又呈昂扬，让人胸襟开阔，乐在其中。

　　鲁文琴的作品构思严谨，古朴端庄，深蕴古典文化精神。

　　曹亚麟的作品意韵悠然而架构独特，器型有古人的根脉，雄浑华滋，气息却是现代的，清新怡人。

　　鲍志强的作品构图空灵而意境横生，线条简洁而意象丰富，古典中融时尚，厚重中显飘逸，集陶瓷造型美、紫砂材质美、中华茶韵美、诗词文辞美和书画陶刻美于一体。

　　只有在对紫砂壶和制壶人足够熟悉的情况下，对名家富有鉴赏眼光和敏感的人，投资名家壶才不失为安全之举。

款的鉴赏

款，即是壶的款识，是指镌刻在紫砂壶上的诗词书画及印款，这些也包含在紫砂壶的价值之内。

最好的镌刻是出自名人之手的镌刻，会大大提升紫砂壶的艺术性和收藏性。王福君壶艺，配上工艺美术大师、著名书法家谭泉海的题字铭款，交相辉映，更为名贵。

据说，宜兴一位壶商，曾请一位知名人士在一壶上刻下"品茶论道"四个字，此壶的价值顿时大增，非同类壶所能比拟。

欣赏一把紫砂壶，除了看泥色、造型、制作的功夫外，还有文学、书法、绘画、金石等方面，而"款"的鉴赏不仅是艺术鉴赏一方面的内容，也是鉴定真伪的重要参考依据。所以，一把紫砂壶的欣赏能带给人们更多更美的享受。

⊙王福君作品、谭泉海题字铭款 安逸壶 175毫升

⊙丁淑萍、李小萱画，毛国强刻铭 子冶石瓢壶

品的鉴赏

一位艺术家根据自己烧制紫砂壶的经验，提供了另一种鉴别的方法。基本上每个作者在烧制壶后会在壶底、壶身和壶的内壁刻上自己的名号，如同画家作画完毕盖上印章一样。壶底和壶身的名号容易被复制，但是内壁上的就很难用模具烧制。看壶的时候发现内壁刻有名号的，95%以上是真的手工壶。

紫砂壶"品"的鉴赏也包括韵的鉴赏，是对紫砂壶的艺术品格和风骨的鉴赏，其中包含对艺术家人格的仰慕。

手工制作的紫砂壶，每壶皆有不同，或大气，或朴实，或秀美，或富贵，作品的气度、神韵往往在这些独具匠心的设计中表现出来，藏家也会被其吸引。

⊙ 清 潘志茂 泥绘钟式壶

⊙吴锡初　包裹壶　底槽青泥　200毫升

⊙蒋建军　紫韵壶　清水泥

紫砂壶的品，从一开始就与文化紧密相联。紫砂壶天然与文学艺术形成一种气血相融的多方位内在结合，它以"泡茶不失原味，色、香、味皆蕴，壶经久用，涤拭日加，自发光泽，入手可鉴"获得"世间茶具称为首"的赞誉。

这种特有的功能和品格，自古受到喜茶的文人学士的欢迎。他们一方面竞相争用，写诗著文，为紫砂壶大造声势，另一方面，他们的审美情趣，也在相当程度上引导和支配了紫砂壶的制作。当代也有大批优秀的文人学者与制壶名家建立良好关系并介入紫砂壶的设计制作，从而提高了紫砂壶雅的品格。

做壶是做艺，做艺也是做人。紫砂壶工艺美术大师蒋蓉说："一个做壶的人，假如仅仅是为了吃饭、生计，为了养家生活，那么，做得好、有市场就可以了。假如要想成为一个壶艺家，作品传世留人，青史留名，就应该做工考究、技艺精湛、晋升品位。壶是人做的，壶与人又有不少相似之处，专心观察，你会发现同样造型的壶，不同的人做，就会产生不同的韵味，有高雅、粗俗之分，有霸道、儒雅之别。"

蒋蓉认为，做艺如做人，需要全身心的投入，要当真做人、当真做艺，不要把造型、工艺一般的作品给人，这样对珍藏者是极不负责的，同时也是对自己的不负责。艺术上对别人负责，实际是对自己负责。

作品能不能传世，能不能青史留名，历史上有很多典故，可供我们借鉴。如古代书法家王羲之、颜真卿的作品千年留传，万古不朽；当代字画家徐悲鸿、林散之等人的作品都被后人视为至宝，不仅仅是由于作品的艺术水准高，而且他们的人品也值得称颂，人们保藏他们的作品往往在赏识中感到荣耀。

另一种情况截然不同，如宋朝的秦桧、明代的严嵩，据史料记载，他们的书法水平也极高，但很少有作品留传，究其原因，真正的收藏家都不愿收藏遗臭万年之奸臣的作品。

⊙清 镶铜剔龙纹圆壶

紫砂壶"品"的鉴赏应从壶的形、神、气三方面着眼。"形"就是外廓面相;"神"就是能使人意会体验出精神美的韵味;"气"就是气质,壶艺所体现的内涵的本质美。

当今鉴定紫砂壶优劣的标准,可以用五个字来概括:"泥、形、功、款、用"。许多传统作品,拿今天的眼光来看依然闪耀发光。宜兴紫砂茶壶如出自名家之手,往往体现出作者的文学素养、书画功能以及人格气质,因而更富有艺术感染力,实为价值非凡的收藏佳品。

总之,紫砂壶鉴赏体现了收藏者深厚的人文底蕴,国内近年来对传统文化的讨论和研究不断深入,关注传统文化及其相关领域和物件成为趋势,紫砂壶作为鉴赏传统文化物品的代表出现也适逢其时。一把小壶,一缕茶香,紫砂壶融书法、铭款、雕刻、绘画、诗词等诸多艺术实体于一身,更兼有修身养性、使人怡然的佛家禅意,也难怪藏家会趋之若鹜。

⊙ 刘建群 景舟掇球壶 赵庄红泥 260毫升

淘宝实战

紫砂壶的收藏市场解析

紫砂壶收藏市场最初在中国台湾地区形成。在20世纪70年代，紫砂壶的收藏投资价值受到台湾收藏界人士青睐。中国大陆的紫砂壶收藏市场始于20世纪80年代，由于台湾收藏家的介入，当时的中华大地刮起一阵收藏和炒作紫砂壶的旋风，名家作品曾一日一价，不断攀升，即使是一些当代烧制的普通作品，也往往一夜之间身价百倍，令常人大为惊诧，难以理解。

此后，随着大量仿制品的出现，紫砂壶收藏一度供不应求的局面发生转变。到20世纪90年代，紫砂壶收藏投资热开始不断降温，脱离实际价值的紫砂壶价格开始了价值回归，收藏投资由此进入相对低迷阶段。

⊙清初期 徐友泉 紫砂壶

紫砂壶市场的行情特点

紫砂壶收藏投资市场自古有之，因此有一套价格体系。据《阳羡茗壶系》一书的记载，明代人收藏紫砂壶是"名手所作、一壶重不数两，能使土与黄金争价"。

可见，明代名人制作的紫砂茶壶，当时已是价格昂贵，而现代名人制作的紫砂茶壶，同样价值不菲。

下面是几年前香港紫砂茶壶市场行情的参考价位：

低档：50～200港币；

中档：200～500港币；

紫砂工艺员制壶：500～2000港币；

紫砂工艺师制壶：2000～8000港币；

紫砂高级工艺师制壶：5000～20000港币；

紫砂工艺美术大师制壶：20000～500000港币。

收藏市场上最热门的是名人壶，这些壶由知名大师或者是有知名潜力的艺人制作，壶本身质量好，再加上知名度所带来的收藏价值，价格自然会比较高。比如国家级工艺师的一个60毫升的

◎ 清乾隆 粉彩灵芝方壶　　　　　　　◎ 明 李仲芳 紫砂提梁壶

⊙ 何道洪 岁寒三友仿生壶

小壶，几年前就可以卖到2500～3000元的价格，著名紫砂艺术大师何道洪的弟子李明的一把小掇球壶也可以卖到3000元左右的价格。

如果注重收藏，其中的价格就有很大弹性，需要因时因地而论，几万、几十万元的都有人购买。

明万历年间专制紫砂茶壶的工艺大师时大彬，他制作的一把高9厘米、底径10.5厘米的六方菱花紫砂茶壶，在香港的售价为38万港币。

一把高27厘米、壶身铭文为"江上清风，山中明月，丁丑年大彬"的紫砂茶壶，在香港的售价为48万港币。

李仲芳，明万历年间制紫砂茶壶大师。他制作的一把高12.4厘米的三瓣三足杯形紫砂茶壶，售价为22万港币。

徐友泉，明万历年间制紫砂茶壶大师，他制作的一把高7.7厘米的紫砂茶壶，售价为13万港币。

陈鸣远，清康熙年间制壶大师，他制作的一把束柴三友壶，壶身由松、竹、梅三干枝束成，壶盖藏于柴束之中，浑然天成，构思奇特，售价为48万港币。

惠孟巨，清康熙年间制壶大师，他制作的一把高7.6厘米的朱泥圆紫砂茶壶，售价为35万港币。

上述大师壶的价格为几年前的市场价格，如今已有一定的变化，此价格仅供收藏者参考。

紫砂壶的价格很大程度上是根据收藏者对它的认可度来定的，喜欢就可以出高价。泥壶有价意无价，在浩大的紫砂壶市场，要找到一把自己喜欢的壶同时价格又适中，是件不容易的事，这就需要多看市场、了解市场和熟悉市场。

紫砂壶的拍卖市场

紫砂壶虽然是收藏领域中常见的一个品种，但几年前在拍卖场中它却长期受到冷落，以至于更多被作为普通用具或礼品出现在了商场、超市之中，甚至沦落到旅游景点里的地摊上被"10元一个"地叫卖。

从目前国内的交易渠道上分析，拍卖是比较可靠的购买紫砂壶的场所之一。近年，尽管在经济形势的影响下，拍场上很多艺术品的表现都不尽如人意，但紫砂壶收藏却出现峰回路转的可喜局面，对藏家的影响力仍然令人吃惊。如嘉德拍卖就出现了不少紫砂壶的身影。嘉德拍卖会上，从清代古壶到当代名家壶，都是紫砂精品。

⊙ 顾景舟 雨露天星提梁壶

⊙顾景舟民国三十七年（1948年） 大石瓢壶

嘉德还推出了晚清紫砂壶中的风云精品——"外销壶""文人壶"，其中"文人壶"的典范即有"曼生壶""子冶壶"等。"子冶石瓢"原属曼生手绘壶式之一，因瞿子冶在石瓢造形的壶上创作书画而得名，传世所见实物考证，目前存世量仅仅20多把，因此市场流通的"子冶石瓢"寥若晨星。

2009年5月底，嘉德推出"现当代陶瓷艺术"的专场，有20余位现当代制壶名家的42件重量级"新壶"作品登场。其中，既包括蒋蓉、周桂珍、何道洪、吕尧臣等工艺美术大师的作品，也包括如裴石民、王寅春、朱可心、顾景舟等老艺人的经典之作。顾景舟与韩美林合作的"此乐提梁壶"、蒋蓉的"青蛙荷花茶具"同台竞技，争奇斗艳。

2001年到2008年的紫砂拍卖纪录，排名前20位的紫砂壶拍品成交价从42.6万元到315.8万元不等。20件拍品中，一半是明清的，其余的是顾景舟、蒋蓉、何道洪等现当代紫砂大师的。其中，冠、亚军均为顾景舟的作品——大石瓢紫砂壶拍了315.8万元，雨露天星壶拍了156.8万元。当代紫砂大师蒋蓉2008年去世，去世前，她的作品最高拍卖纪录为8.9万元，去世后其作品拍到50.4万元。

⊙何道洪 大涵壶

⊙ 顾景舟、韩美林合作提梁壶

尽管国内紫砂壶拍卖呈现走高趋势，但与单件拍品动辄过亿的瓷器、金铜佛像等相比，紫砂壶市场似乎长期处于萎靡不振的境地，以中国嘉德为例，直到2008年春拍之前，紫砂壶拍卖市场都明显价位偏低，成交价在几千元左右，比如2008年3月嘉德拍卖会上，清代"逸公款紫砂壶两件"也只拍到8960元。即使这样的价位，成交率仍比较低，不乏流拍者。

但往往危机背后藏着机遇，2008年下半年全球金融危机席卷而来，却成就了紫砂壶收藏拍卖。

2008年11月，中国嘉德秋拍首辟"至味涵硕·紫玉金砂名品"紫砂专场。其中，备受关注的顾景舟"雨露天星壶"以156.8万元人民币摘得该场桂冠，蒋蓉的"五头束柴三友壶"拍得50.4万元人民币，何道洪的"梅花周盘壶"也拍出44.8万元人民币。

此后，其他拍卖公司也陆续推出了紫砂壶专场，掀起了紫砂壶收藏热潮。

中国嘉德秋拍专场的负责人表示，经过多年的调整，紫砂市场渐渐走出低谷，逐步趋于理性，紫砂壶的价值逐渐被人们所认识。

近年来，在拍卖市场上，紫砂壶开始成规模地进入高端市场，当代名家名壶成为"潜力股"，在拍卖会上的表现不容小觑。

2009年春拍延续了2008年秋拍的强势，紫砂壶在2009年春拍市场上的表现可圈可点，其中主推清代、民国老壶的中国嘉德"紫泥菁英·紫砂古器遗珍"专场取得了成交额394.46万元、成交率84.91%的成绩。

中国嘉德于2009年4月举办的春拍还推出一批现当代紫砂壶，其中顾景舟的一把汉铎壶拍出78.4万元的高价。

主推当代紫砂大师的北京翰海"虚中有容·当代紫砂壶·内画鼻烟壶"专场上，紫砂壶只有一件流拍，有10把壶以10万元以上的价格拍出。

◎ 顾景舟　汉铎壶

2011年春拍，中国嘉德共推出了三个紫砂拍卖专场，最终以超过1.4亿元的总成交额收官，其中一件由顾景舟、韩美林合作的"提梁盘壶"创下1150万元纪录。这是继2010年春拍创下1232万元纪录以来，紫砂大师顾景舟作品再破千万元高价；北京匡时在今年秋拍设了近现代及当代紫砂两个拍卖专场，其中何道洪先生的紫砂作品成为该专场的最大亮点。陶瓷艺术大师何道洪先生所作大涵壶与三色松竹梅提梁壶分别以782万元和770.5万元成交，不仅夺得本专场的冠亚军，而且还打破了何先生先前作品的拍卖纪录。本场季军为顾景舟先生的茄段壶，以747.5万元成交。

　　在拍卖会的推波助澜下，此期间，现当代紫砂大家作品的价格在半年内普涨了50%。

　　面对此种景象，藏界中有人欢欣鼓舞，认为紫砂收藏在历经多年低迷后已走出低谷，后市前景极为广阔。也有人认为紫砂在炒作下，价格已被托高至顶点，当下并非入手良机。各家观点的不同，令人一时难以把握紫砂拍卖市场的真实面貌。

⊙ 何道洪　梅花周盘壶

⊙ 何道洪 三色松竹梅提梁壶

■ 普通壶和名人壶的差距

从历史时间来看，目前拍卖市场上的紫砂壶主要分为古代和当代两大部分，古代紫砂壶目前市场上还处于价值发现的过程中，需要比较高的鉴定技术，目前普通收藏者和投资者的购买难度较大。

从质量档次空间来看，分"普通壶"和"名人壶"。

"普通壶"就是行内人士称的商品壶，基本没有字画，泥料和做工一般，有手工也有流水线生产的，价格在几十元到几百元之间。

"名人壶"被称为艺术品，为手工作品，分"一般名人壶"和"大牌名人壶"，当代部分又可以分成"老艺人"作品和"工艺大师"作品两个类别。

⊙郭强 掇球壶
红皮龙紫泥 400毫升

⊙吴锡初 龙行天下壶 原矿紫泥 350毫升

◉ 沈杏大 鱼龙情壶
获得第二届中国无锡太湖博览会中国工艺美术精品展银奖。

◉ 史永棠 瓜形壶

民国时期出生、到20世纪五六十年代过世的一批民间老艺人的作品，基本传承有序、作品有定论，而且收藏人群稳定、扎实，这个领域的紫砂壶属于"大盘蓝筹板块"。

名人壶有字画，泥料和做工、设计都较考究，所谓"壶随字贵，字随壶传"，因此标价基本在千元以上，更有甚者为几百万元。如果"名人壶"是大师的精品，身价则更高。

当代在世的工艺大师们的作品，价格还处于上下浮动的状况，作品最终的艺术价值还没有最终落定，因此价格上要比老艺人作品普遍偏低，特别适合中产人群收藏。

目前市场上最好销的紫砂壶是2000元至3000元的。这些壶的制作者基本上是20世纪70年代出生的助理工艺师，其中的佼佼者如同股票市场上的潜力股。投资者看好他们，买入他们的作品，而随着他们的"成长"，数年或数十年后，当他们成为"工艺师"或"高级工艺师"时，投资者当初选购的紫砂壶投资价值将凸现，回报可能是惊人的，一些艺术家的作品每年将有30%的升值。

■ 当代大师作品的市场价值

分析各家拍场，不难发现这样一个现象，那就是当代大师制作的紫砂壶，在市场上的表现要好于明、清、民国时期的老壶。

以翰海拍卖为例，上拍的35把当代紫砂壶中，有10把拍出了10万元以上的价格，占拍卖总数的28%。而嘉德上拍的53把清代、民国老壶中，虽也有10件拍出了10万元以上的高价，但仅占拍卖总数的18%。

为何会出现这样的现象？著名紫砂壶收藏家、中国收藏家协会副会长周德田认为，对老壶的认知度不够是主要原因。

由于历史上关于紫砂壶的著述和文献还比较少，再加上近年来地下考古发现的有明确纪年的器物为数不多，使得人们对老壶真伪的鉴定十分困难。加上在民国初年，几乎所有紫砂高手都曾被聘往上海，对历代名家作品进行仿制，烧制出了难以统计的仿名家款作品。因此，在拍场上出现的紫砂老壶难免会出现鱼目混珠的现象，使收藏者不敢轻易下手。

而与老壶相比，当代大师制作的紫砂壶则不存在真伪上的问题，因此这些具有较高艺术水平，同样具有收藏投资价值的新壶，在一定时间内的市场表现超过老壶并不足为奇。

⊙史永棠 球形壶　　　　⊙丁淑萍 筋纹石瓢壶

紫砂壶的收藏技巧

收藏紫砂壶的队伍在不断壮大，热度逐渐升温，这是"盛世收藏"的一种可喜现象。但在收藏中，很多初入门的收藏者普遍对紫砂壶收藏不得要领，比起其他门类的收藏似乎更难。其实，化繁就简，最好的收藏方法就是专题收藏，也是最容易在收藏上出成就的方法。

在此，笔者特选择其中几个紫砂壶收藏的门类品种，作为专题收藏予以介绍，或许能给收藏者举一反三的启示，同时对收藏家的成功之路和成功方法进行介绍，对收藏者亦有一定借鉴作用。

⊙高建强 葫芦壶 鲨鱼皮泥

"一手壶"的收藏技巧

紫砂造型分光货素器、花货塑器、筋瓢货纹器三大体系,形制分为紫砂方器、紫砂圆器、紫砂筋纹器三大类别;容量分大、中、小三种形态。其中较为适中容量形态的紫砂茗壶,人们习惯称为紫砂"一手壶"。

由于它大小适宜、灵便实用、细腻无比、造型多样并适宜于掌中把玩,故能意趣无穷,为茗壶界讲究品位的茶艺爱好者所钟爱。

顾名思义,紫砂"一手壶"是一种一手能抓起、一手能把玩,即玩壶于股掌之中的茗壶。这种"一手壶",主要是在容量上区别于大壶(包括特大壶),也区别于小壶(包括微型壶),处于大壶与小壶之间。

依照人们在品茗中的习惯,一般将300毫升容量以上的称为"大壶",200毫升容量以下的称之为"小壶",200～300毫升容量的称之为"一手壶"。

"一手壶"是经过几代品茗人士以及玩壶人的品味玩赏,相承民间口传,凭嗜好一代代传下来,至今就形成人们的口语俗话,用"一手壶"替代了中壶的称谓。

⊙清嘉庆 邵二泉 莲子壶

紫砂"一手壶"所使用的材质因人而异,因作者而异,因赏玩者嗜好而异,并通常用容量来区别大、中、小,有十分明确的界限规定,亦有十分明确的概念。从紫砂"一手壶"的传世作品来看,几乎涉及紫砂材质的所有成分、泥色、泥料。最常见的有紫泥、团泥、绿泥、天青泥、梨皮泥、粗砂朱泥等,不一而足。

⊙范惠 子冶石瓢壶 段泥 250毫升

紫砂"一手壶"的造型涉及紫砂光货素器、花货塑器、筋瓢货纹器的所有体系,涉及紫砂方器、紫砂圆器、紫砂筋纹器的所有类别。各个时期都有各式形制的"一手壶"面世,造型千变万化,形制丰富多姿。可以说,有多少紫砂造型形制,都可以看到紫砂"一手壶"的身影,这丝毫也不夸张。虽然形制万千,但成型工艺如出一辙,均采用紫砂"镶接法"工艺和"打身筒"工艺,也都分为纯手工操作和模具操作成型。

⊙范惠 三羊开泰壶 朱泥 280毫升

从已出土的紫砂文物及紫砂古窑址遗址、遗物来看，目前还不能确定紫砂"一手壶"起源于何年何月，资料中也没有有关紫砂"一手壶"的概念何时形成的记载。但从世人所推崇的"供春小壶""李茂林小圆壶""大彬改作小壶""孟臣小壶""逸公小壶"等文字反复出现在紫砂研究资料中，可以初步确定紫砂"一手壶"的出现应不晚于明末清初。

根据周高起《阳羡茗壶系》上的记载，时大彬"初自仿供春得手，喜作大壶。后游娄东，闻陈眉公与琅琊太原诸公品茶施茶论，乃作小壶"，这小壶是不是容量200～300毫升的紫砂"一手壶"，目前谁也不敢妄论。但历史上有这一段记载，以及明末清初出土的容量在200～300毫升的茗壶，当推断紫砂"一手壶"应该晚于紫砂大壶的面世，而早于紫砂小壶的面世。明末清初材质为粗砂朱泥的紫砂"一手壶"的面世作品，年代往往早于容量在200毫升以内的紫砂小壶。这已是不争的事实。

⊙ 吴锡初 喜从天降壶 原矿紫泥 250毫升

⊙吴锡初 传炉壶 底槽青泥 190毫升

明末清初出土面世的紫砂茗壶"一手壶"中，最常见的形制为"文旦""龙蛋""柿圆""圆珠""橄榄""执壶"等款式，容量大多在200～300毫升，既不同于紫砂早期的大壶器皿（容量在300毫升以上），也不同于后来出现的小壶器皿（容量在200毫升之内）。

茗壶所采用的材质，一般只有两种，一种是紫泥，一种是红泥。泥质粗雅，紫泥或红泥中配置浅黄色的颗粒、颗粒显现、自然匀称、精光内蕴、粗而不糙。这种选料制器，反映出紫砂特有的肌理效果。

茗壶造型简练圆浑，较大壶精致，端庄古朴，粗犷凝重。这种质朴、风雅的紫砂"一手壶"，正是当年士大夫阶层自酌自饮和清赏的珍玩，被品茗人士称之为"神品"。

清代以后，出现了专门制作紫砂"一手壶"的名工巧匠，也出现了因专门嗜好"一手壶"前来宜兴定制"一手壶"而成名的玩壶家，如清嘉庆、道光年间的邵二泉和潘仕成。

邵二泉，字友兰，清嘉庆、道光年间人，制壶名手，善制"一手壶"，所制"一手壶"均工镌壶名，擅正草隶。

■ "曼生壶"收藏技巧

"香液袭,玉露汲,雨前采,箬为笠。"看到这些紫砂壶中的铭文题咏都会让我们不禁想起将壶铭及篆刻融为一体的"曼生壶"。

说起"曼生壶",很多紫砂爱好者都耳熟能详,但是陈曼生何许人也?何为"曼生壶"?"曼生壶"的取材是哪些?就未必是每个人都了解的了。

陈曼生,名鸿寿,字子恭,又号老曼、曼寿、曼云,清乾隆三十三年(1768)生,道光二年(1822)卒,浙江钱塘(今杭州)人,能书善画,精于雕琢,以书法篆刻成名,为"西泠八家"之一,艺名昭显。著作有《种榆仙馆摹印》《种榆仙馆印谱》等。约在嘉庆六年(1801)应科举拔贡,后任溧阳知县,而溧阳与宜兴紧邻,这就引出了文人县令与宜兴紫砂的不解情缘。

⊙清乾隆 杨彭年 三足玉璧曼生壶

清嘉庆时，开始流行文人学士与陶人合作制壶，可以说正是文化与壶品的契合，才有了今天紫砂壶的发扬光大。嘉庆二十一年（1816）陈曼生在宜兴附近的溧阳为官

⊙清乾隆 杨彭年 曼生壶

时，结识了杨彭年，并对杨氏"一门眷属"的制壶技艺给予鼓励和支持。因他自己嗜好砂器，于是在公务之暇，辨别砂质，创制新样，设计多种造型简洁、利于装饰的壶形。随后，陈曼生亲自操刀，以俊逸的刀法，在壶上刻上雄奇古雅的书体和契合茶壶本身意境的题句。自此，文人壶风大盛，"名士名工，相得益彰"的韵味，将紫砂创作导入另一境界，形象地给予人们视觉上美的享受。从此，在紫砂历史上便出现了"曼生壶"或"曼生铭，彭年制砂壶"等字眼。表面看来，镌刻名士和制壶名工"固属两美"，实际上，名壶以名士铭款而闻名。虽然写在壶上的诗文书画依壶而流传，但壶随字贵，这就是名垂青史的"曼生壶"。

"曼生壶"的特点是去除烦琐的装饰和陈旧的样式，务求简洁明快。壶身大量留白，上面刻铭文诗句。壶型变化多样，简洁流畅、古朴大方。其能流传至今且对后人制壶产生深远影响的，除了其壶型的设计还有其雕刻，自苏东坡等文人雅士开始在紫砂壶上雕刻书法绘画后，紫砂壶就具有了特殊文化内涵，而曼生壶系列因为雕刻数量多、流传广，自成一个系列，所以在紫砂历史上是非常有影响力的。

"曼生壶"自其诞生的那一天起，便成为了藏家追捧的珍品。据考查，"曼生壶"至少有三十八种样式。"曼生壶"在紫砂造型方面有划时代的贡献，诸多的文章都有评价。而曼生壶的

取材是多方面的，如取自然现象的有"却月""饮虹""横云"等；取植物形态的有"瓜型""葫芦"等；取实用器物的有"钿盒""覆斗""牛铎""井栏""合斗""笠形"等；取几何形的有"汲直""合欢""春胜""圆珠""方壶"等；取仿古器的有"石铫""百衲""古春""延年半瓦""飞鸿延年瓦""天鸡""镜瓦""乳鼎"等。

在曼生之前，紫砂壶的造型大都承袭前代造型，陈陈相因，无甚变化。陈曼生创造了一批新的款式，一改昔日烦琐、守旧、题材狭窄的局面，使之简洁、明快，面目一新，不愧为茗壶造型史上的一次创新。

《阳羡砂壶图考》辑录汇集了近三十则曼生壶铭，主要如下：

石铫式"铫之制，抟之工；自我作，非周种"。

汲直式"苦而旨，直其体；公孙丞相甘如醴"。

却月式"月满则亏，置之座右，以为我规"。

横云式"此云之腴，餐之不癯，列仙之儒"。

百衲式"勿轻短褐，其中有物，倾之活活"。

合欢式"蠲忿去渴，眉寿无割"。

春胜式"宜春日，强饮吉"。

古春式"春何供，供茶事；谁云者，两丫髻"。

饮虹式"光熊熊，气若虹；朝阊阖，乘清风"。

瓜形式"饮之吉，瓠瓜无匹"。

葫芦式"作葫芦画，悦亲戚之情话"。

天鸡式"天鸡鸣，宝露盈"。

合斗式"北斗高，南斗下；银河泻，阑干挂"。

圆珠式"如瓜镇心，以涤烦襟"。

乳鼎式"乳泉霏雪，沁我吟颊"。

镜瓦式"鉴取水，瓦承泽；泉源源，润无极"。

棋奁式"帘深月回，敲棋斗茗，器无差等"。

方壶式"内清明，外直方，吾与尔偕臧"。

井栏式"栏井养不穷，是以知汲古之功"。

钿盒式"钿合丁宁，改注茶经"。

覆斗式"一勺水、八斗才，引活活，词源来"。

深刻隽永的曼生壶题铭，是曼生壶的精华所在。这些曼生壶题铭主要可分为如下几类：

摹形状物，妙趣横生

根据茗壶的形状，题铭加以形象的描写，但又不停留在描写上，而是自然地引申出一些生动活泼的情趣。如"葫芦壶"，题曰"作葫芦画，悦亲戚之情话"，又如"天鸡壶"，题曰"天鸡鸣，宝露盈"，再如"提梁壶"，相传是宋朝文学家苏东坡设计，故题曰："松风竹炉，提壶相呼。"最妙的是"钿盒壶"，题曰："钿盒丁宁，改注茶经。"钿盒本来是用来装珠宝首饰的，而今制做成了茗壶，因而也就改注茶经了。

⊙ 范洪明 松下高士壶

曼生壶形制分类图

百衲壶 　　　　　镜瓦壶 　　　　　弧菱壶

柱础壶 　　　　　石瓢壶 　　　　　扁壶

乳瓯壶 　　　　　却月壶 　　　　　天鸡壶

汉瓦壶

乳鼎壶	合斗壶	合欢壶
井栏壶	笠帽壶	汲直壶
古春壶	葫芦壶	匏瓜壶

春胜壶

品茗饮茶,修身养性

茗壶是用来沏茶的,因此"曼生壶"铭中更多的是描写品茗饮茶的无限乐趣,尤其是文人墨客常常借铭发挥,寄志抒情。如"汲直壶",题曰:"苦而旨,直其体,公孙丞相甘如醴。"醴,即甜酒。对于真正的饮茶者来说,"苦而旨"的茶,恰如甘醇的甜酒,正是应了"寒夜客来茶当酒"的淡泊情志。

箴言警句,启迪人生

有的题铭如箴言、警句、格言、座右铭,大抵是文人对人生的一种感悟、对事态的一种评价。最典型的如"却月壶",铭曰:"月满则亏,置之座右,以为我规。"月满则亏即月有阴晴圆缺,本是自然现象,而其隐喻着"满招损,谦受益"的人生哲理,因此作者将其题于"却月壶"上,把玩之时,作为座右铭来规范自己。

写景抒情,诗情画意

这一类题铭用诗一样的语言或写景或抒情,借物比兴,于方寸间营造意境,抒发天地之春秋,读来让人回味无穷。比如"若笠壶"上的题铭"笠荫、茶去渴,是二是一,我佛无说。"斗笠可以遮荫避暑,而饮茶可以消暑解渴。两者功能有所差别,似又一致。"我佛无说"是禅机玄语,发人深省。这些由曼生及其幕僚精心构撰的壶铭,可谓字字珠玑。

曼生的题铭,影响了一代文人,其后如瞿子冶、邓奎、梅调鼎的壶铭中,都可看到"曼生壶"铭的影子。在单个艺术家壶铭整体的数量和质量上,至今还没有可以与"曼生壶"铭相比,没有达到或超越其高度的。

曼生壶是文人参与紫砂艺术、文人与艺人珠联璧合成功创作的一代典范。"曼生壶"简洁明快的造型、深刻隽永的题铭乃至书法篆刻、壶体上的布局章法都值得后人细细品味，使紫砂壶艺术达到了炉火纯青的境界，令后人叹为观止。

如今，曼生壶在世间尚有一定数量留存，但市场上流通的所谓"曼生壶"，则基本都是仿制品，这是收藏者应清楚和清醒的。

"文革壶"的收藏技巧

在红色收藏席卷中国之时，很多紫砂壶收藏爱好者把目光和兴趣转向"文革壶"的收藏和研究上来，不失为一种明智抉择。

1. "文革壶"的生产形式。"文革"，作为我国历史进程中的一个特定时期（十年之久），它的政治、经济、文化和艺术也毫无例外地深烙在文化艺术载体之一的紫砂壶制品上。"题材独特、自成体系"的"文革壶"成为人们争相收藏的热点，也就理所当然了。

收藏"文革壶"，必须先了解"文革壶"的生产形式，壶体上所体现当时的政治、经济、文化等方面的内容。

⊙ 蒋蓉 文革壶

⊙李碧芳 文革壶

"文革壶"的生产形式是集中统一在紫砂壶厂生产。除了产品设计具有独立性外,全厂上下不管是工艺师,还是学徒,大家一起制作壶坯,这就出现了在同一类品种中既有师傅的作品,也有徒弟的习作,质量参差不齐,有的差别很大。"文革壶"中就有不少是今天的工艺大师或名艺人的作品。据《中国紫砂》记载,工艺大师朱可心在那段时间里制作的矮竹鼓商品壶竟多达一百多把。

2."文革壶"的题材。文革壶的题材体现出来的政治色彩很浓。那一个时期,强调突出政治,以阶级斗争为纲。因此,政治口号、毛主席语录、诗词、老三篇以及"五·七"指示等句子,另外毛主席肖像、韶山日出、愚公移山、样板戏剧照、工农兵宣传画、梅花图等画面,根据壶体大小,掇选、镌刻其上。

当时大量壶体镌刻有革命字画,如"大海航行靠舵手""不忘阶级苦,牢记血泪仇""万紫千红总是春""三面红旗指方向""红花怒放,大地似锦"等。有的"文革壶"还饰有毛主席书题的诗词,如"暮色苍茫看劲松……无限风光在险峰"等。

"文革壶"有它特有的壶样形式,但以传统式居多。通过翻查壶谱和有关资料，最常见的壶式有：分号直形壶（原名为洋桶壶）、龙蛋壶（原名为寿星壶）、小六方、大八方、传炉壶、海棠壶、竹段壶、合梅壶、竹鼎壶、原形壶等。

"文革"后，坚持"古为今用"的方针，设计人员推出了一批新壶型，如报春壶、汗君壶、狮球壶、井栏壶、四方侧角壶和碗梅壶系列，这就大大丰富了"文革壶"的造型。

如果能对"文革壶"制作的时代背景、生产形式和壶体承载的政治内容、名称等有个大体的了解，收藏"文革壶"就算懂得了ABC。

3."文革壶"的装饰特征。收藏"文革壶"，必须进一步掌握其基本特征。从材料和实物看，"文革壶"的装饰主要是泥绘和陶刻，并以泥绘居多。"文革"后期，为减少泥绘"易脱落"的不足，又改以陶刻为主。陶刻内容多以品茗诗句为主、睿语居多，如"色浓方近苦，味回有余甘""雨前活火试新茶""香引春茗，声度梅花"等。同时，一改以色块加线条的传统泥绘方法，用模板将白泥浆印刷在壶坯上，优点是精美、悦目，并且可多壶同饰。如有的"文革壶"为直形壶，壶体一面是毛主席的词"多少事，从来急……一万年太久，只争朝夕"，有的为大狮球壶，有红色铭"色浓方近苦，味回有余甘"，其刀法娴熟自如、

◉ 顾景舟款文革壶

融情贯气，实乃难得。

4."文革壶"的款识特征。"文革壶"的款识，多数简单、粗糙、缺乏艺术性，更谈不上金石味。"文革"有一个时期，批判成名成家思想，壶上不留名款，实践中难以追查产品质量责任。后又采用阿拉伯记号和工号为记号，目的是在产品有质量问题时能查到责任人。

"文革"中期，壶的底部多数刻印壶形的长方形木章，如"菊球壶""小六方""海八方""圆形壶""高狮灯壶"等。

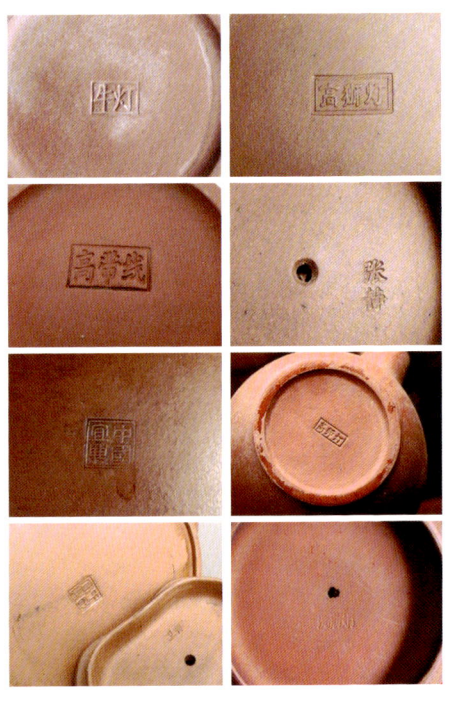

⊙文革壶的各种款识

"文革"后期壶底多数为刻印不同材质的长方形、正方形、并带框（边）的阴文"中国宜兴"款识。盖内为刻印壶人长方形款识，有的带长方形边框，字体楷、篆、隶皆备。

"文革壶"涉及的艺人有碧芳、洪芬、金凤、顺仙、跃进、菊华、航萍、川娣、若君、周桂珍、许益生、吴瑞华、葛岳彬、沈秀娟、谈小勤、周洪仙等，这些人中当时可能只是学徒，或为熟练工人，或为工艺师。但现在，他们中不少人已成为美术工艺大师或制壶名家。

5."文革壶"的泥料。"文革壶"的泥料纯。从资料上看出，1970年以前，做壶原料都由宜兴陶瓷公司原料总厂统一开矿、经过风化、粉碎后加工成熟料，不论是学徒还是师傅、技师，都领用一样泥料。这些泥料泥性好、塑性大而细腻。壶器烧成后，热水一冲泡，壶胎很快温润如玉，如同使用多年的旧壶所具有的"宝光"。

6.当心"文革壶"有赝品。"文革壶"收藏，有一些明显的标记，需要在市场上注意比较和鉴别，防止"冒牌货"使收藏者上当受骗。

"文革壶"绝大多数是采用石膏模具制坯，全手工捏制的甚少。如文革壶中的高狮灯、五号直形壶、大狮球等，在口、把处，由石膏模具留下的"哈夫线"明显。当然，也有特例。如海八方、柿扁、小六方就很难发现留有"哈夫线"，因此，不能简单地以"哈夫线"有无就断定"文革壶"的真品与赝品。

"文革壶"的出水孔，需要了解其来龙去脉和后来补贴的情况。有个时期，为了壶能出口日本，就仿效日本壶出水孔而改排孔式和网球孔（半球）。当时，网球孔是厂里统一制作，由制壶人领用，这样就出现网球的颜色、大小与壶器不尽相同、不协调，同时网球孔因紫泥坚硬度不够、球壁较薄，在茶水里长期浸泡容易损裂或脱落。后期，将网球孔改小，一定程度减轻了网球孔损坏的程度。

◎李昌鸿 文革壶

这些年，"文革壶"走俏，有人订做网球孔，补贴在同类壶上，以假充真赚钱。真正的"文革壶"表面都凸显一层黄白砂粒，有的"文革壶"还在内外涂抹一层红砂泥，这些都可以作为收藏、鉴别"文革壶"时的参考。

"文革壶"具有特定历史时期政治内容的史料性，壶器质量的参差性

⊙文革壶的网球孔

和珍贵性，决定了"文革壶"不仅量大、易收，而且具有历史研究价值，并有广阔的升值空间。

"革命壶"收藏技巧

除了"文革壶"，在紫砂壶收藏界还有"革命壶"。新中国成立60周年带来"红色"收藏热潮，展出的一批紫砂壶藏品中的"革命壶"系列，引起了众多藏家关注。

1971年前后，为纪念建党50周年，制作了一批出自顾景舟、李昌鸿、朱恺长、朱可心、徐汉棠和周桂珍等壶艺名家之手的"革命壶"紫砂精品。这些"革命壶"珍藏在金华盛世通宝文化交流有限公司。

该公司从2000年开始，着手"革命壶"历史资料的研究，并通过各种渠道向各地藏家高价收购，历经近十年时间，收集到110把"革命壶"。但是尽管做了很多史料查证工作，有关"革命壶"的谜底其实并没有完全揭开，例如"革命壶"一共分为几个系列、分别都由哪些壶艺大师制作、整个系列共有多少款壶等，"目前只能按手头现有的'革命壶'制作者或人物内容，及其所反映的历史事件来暂作分类"。

这套"革命壶",外观形状各有不同,有"掇球壶""仿古壶""大龙蛋""庆圆壶""西施壶""庆线壶""高庆壶""潘壶""三脚桥顶壶"等20多种。其中,已故壶艺泰斗顾景舟以"开国大典""井冈山会师""渡江侦察"等历史事件制作的"革命壶"就有20多把。精巧的壶身上,一面刻着为人们所熟知的历史场景,另一面刻着历史事件的简要说明。由徐汉棠、周桂珍夫妇共同制作的"十大元帅纪念壶",造型稍有不同的壶身上,以特定的笔法刻画了元帅们身着元帅服的形象。"毛泽东十大辉煌纪念壶"也出自大师夫妇之手。

这些"革命壶"按其人物内容可分为"红军英雄""抗日英雄""解放战争英雄"等系列,刘胡兰、王进喜、雷锋、邱少云等各时期的代表人物单独设一门类。

按其反映的历史事件,主要有"秋收起义"壶、"南昌起义"壶、"卢沟桥事变"壶、"冈山山会师"壶、"飞夺卢定桥"壶、"解放战争"壶、"三大战役"壶等。

与其相关的纪念壶还保留了完好的证书。证书上标有作品品

⊙革命壶

名、制作日期、作品规格、作者签名,还盖有"江苏省宜兴县丁蜀公社人民政府党委室专用章"和"江苏省宜兴县丁蜀公社工农合作社紫砂工艺厂"的公章。

这套"革命壶"的珍贵除了题材统一、名家制作以及用料考究外,也从侧面说明宜兴紫砂厂在"文革"时期没有中断生产、"革命壶"本身就有较高的历史文物价值。

紫砂壶的投资技巧

紫砂壶已成现在的热门投资品，很多投资者已将紫砂壶作为投资领域。紫砂壶中名家名品的价值在茶文化、陶文化、中国书画艺术文化的碰撞与交融之中不断攀升，以其浓郁的文化品位、深蕴的传统精神和精美的工艺，吸引中外收藏家和艺术家的同时，也吸引了企业界和白领阶层的投资者，紫砂壶成为拍卖场上的亮点的同时，也成为了重要的投资品种。

从20世纪80年代至今，紫砂壶热引发其价格直线上升，尽管其间有大起大落，但大师级的作品始终有很高的价格，有的高达数十万元乃至数百万元。在这股投资热潮中，到底如何投资紫砂壶？哪些工艺大师和名家的作品更有投资价值呢？

⊙范建中 福寿壶

⊙ 吴锡初 子冶石瓢壶 底槽青泥 350毫升

⊙ 王六初 随缘壶 红泥

青年陶艺家作品的投资技巧

投资收藏当代紫砂工艺大师的作品，升值潜力是巨大的，但是普通藏家和投资者难以承受这些紫砂的高昂价格。其实，紫砂壶的投资中，最值得投资的不是大师作品，因为大师作品市场价格已炒到很高，要在一定时间内涨一倍有难度，甚至在高价位上已经积累了下跌的风险。

那么，最值得投资的是什么人的作品呢？那就是青年陶艺家的作品，因为他们的作品市场价格很低，但潜力很大。

所以，初学者不妨从收藏中、低端紫砂壶起步，从关注有潜质的中、青年紫砂工艺员的作品开始，一边熟悉一边鉴赏。紫砂壶的收藏类似字画的收藏，大画家本人和其作品在未被发掘之前总是默默无闻，而为世人发现后，又总能声名鹊起、身价倍增。

只有关注和买入富有创作才华和发展潜力的中国青年陶艺家的作品，紫砂壶收藏投资才会有美好的未来。因为最有投资价值的紫砂壶，应该是那些有实力的非名家作品，但这需要眼力。

○ 冯桂林 卷翁款龙吟壶　　　　　　○ 曹婉芬 旭茂提梁大壶

那么，哪些青年陶艺家的作品更值得收藏投资呢？在艺术欣赏价值和收藏投资潜力方面，蒋建军、吴锡初、范建中、史永棠、王六初、吴鸣、徐达明、朱丹、许艳春、沈建强、卢剑星、吴光荣、陆文霞、姚志源、顾美群、吴亚克、倪建军、曹建国、何健、范颖、朱晓东、李金林等陶艺家的作品值得高度重视。

现在宜兴紫砂壶在工艺方面已经胜过古人，但是真正能够在作品中体现纯一、简实、淡泊风格，追求高雅品位的陶艺家并不是很多。有不少作品仅仅追求外表光怪悦目，结果是徒有其形，而缺乏内在气质，更谈不到引人深思和耐人寻味了。

投资青年陶艺家的作品，要选择富有创新精神的作品。紫砂壶艺的创新，必须建立在充分理解紫砂壶所蕴涵的生活方式、习俗风尚、审美爱好、造型意识、造物观念等要素的基础上。

一些优秀中青年陶艺家的代表作品，如"与先贤对话"系列、"五色土"系列、"摔壶"系列、"竹壶"系列等，都是紫砂壶收藏爱好者逐渐理解和喜爱的作品。

如擅长制作特大型陈设壶、尤以花器见长的范颖，从作品看，都能做到构思新颖、造型优美、制作精巧、形神兼备。

紫砂壶爱好者买什么档次的壶，首先要看经济实力，大多初学紫砂壶收藏的人，最适合投资当代青年陶艺师的作品，他们中很多人的制作水平和艺术气质都相当不错，只是目前尚未成名或名气不大，作品的价格就低得多，他们之中肯定会有些人，在不久的将来发展成为名家或大师，这就看投资者的眼力了。

玩紫砂跟收藏书画是一个道理。有时在低档产品中，偶尔也有可能选出古拙朴实的好壶来，黄金本是从沙里淘出来的，关键还是要学会淘。

现代工艺大师作品的投资技巧

收藏投资现代紫砂工艺大师的作品，其升值潜力要远远大于仿古作品。

由于紫砂壶的矿源越来越少，所以紫砂壶更显珍贵。和国画比起来，紫砂壶目前价位还处于起步阶段，升值空间大。而且国内的紫砂壶收藏和市场都在发展，紫砂壶是具有投资潜力的。

很多收藏者一味去购买老壶和仿古作品，其实还不如去购买现代大师的作品，其收藏升值的空间更大。收藏投资者应寻找紫砂壶的"潜力股"，从收藏现代紫砂制作工艺大师的作品入手。

◎顾绍培 供春壶

当代名家作品的投资中，应关注20世纪50年代和60年代的宜兴紫砂壶，这是具有明显时代特征的品种。20世纪50年代初期，历经战乱的宜兴紫砂从业者仅存50多人，而制壶的老艺人则只剩下20多人。

收藏投资现代工艺大师紫砂壶，最好选择有良好背景、传承有序的紫砂壶名家的作品收藏投资。如20世纪50年代初期出现的朱可心、王寅春、蒋蓉、顾景舟、吴云根、裴石民等一批壶艺大师。

当时，在政府的扶持下，老艺人组织起了合作社，恢复了紫砂壶的生产。这个时期出现的这些壶艺大师的作品，精品迭出、砂质优良、工艺规范，受到了如今壶具收藏投资者的追捧与青睐。

特别是顾景舟，更是其中的佼佼者。顾景舟仿制的供春紫砂壶，多年前在国际市场上的交易价曾达20万港币。

如今，随着一些顶级大师相继谢世，仅存的大师们很少参加市场交易，因此他们的精良之作极少出现在市场上，一般的藏家很少有机会亲眼看到，绝大多数是仿品。

当代制壶大师对工艺精益求精，作品品相完好，赝品风险相对较小。值得留意的当代制壶大师有：冯桂林、李宝珍、余国良、范鼎甫、邵毓芬、曹婉芬、顾绍培等。

收藏购买时，选择名师、名品、名作的同时，还要注重价格和潜在价值的比较权衡，成功的收藏投资都是在这一天平上寻找到最佳平衡点。国家高级工艺美术大师沈云兰，其制作一把壶的售价是1万～2万元，而其师傅制作一把壶的售价则高达16万元以上。从收藏投资的角度，从发展潜力的角度，初级收藏投资者宜选择潜力大而价格低的作品。

值得重视的是，在当代紫砂壶艺术家中，有的艺术家已经达到了大师的表现力和品位，但因种种原因，尚未获得大师的头衔。这类艺术家是最值得收藏投资者关注的，需要收藏投资者用知识去发现，用眼光去发掘。

当代名家作品的投资技巧

在投资古董紫砂壶的同时，当代制壶大师作品也值得留意。

"名家壶"兼具艺术性和投资价值。所谓"名家壶"，即工艺师以上身份的人所制作的紫砂壶，因其所用的泥料较佳、做工精细、富有装饰和造型的美感，且数目稀少，是珍藏家梦寐以求的精品，自然价格不菲。

但是，当代新壶的投资价值要高于老壶的认识，并不正常。目前当代紫砂壶的收藏主力大多是以投资为目的，真正喜好紫砂壶的藏家并不多，目前新壶价格的走高是炒家左右的结果。

◎ 蒋建军　五头水滴茶具　紫泥
2006年10月获第八届全国陶瓷艺术设计创新评比入选奖，
2007年获江苏省东方工艺美术之都博览会金奖。

对目前价位已经很高的当代紫砂壶能否继续走高，已有行家提出了质疑。基于"大师会做出好壶，但大师的壶并非每把都好"的认识，由于市场参与者在紫砂鉴赏能力上的欠缺，以及投资的盲目性，势必会让一些本不具有相应收藏价值的壶，获得较高的价格，使价格与价值出现背离的现象，进而让贸然接手者蒙受损失。

正如紫砂壶专家周德田指出："现在有一个很不好的现象，就是买职称，认为凡是大师的创作就是精品，就值得购买，其实这是完全错误的。在我看来，大师的身份只是能够制作好壶的基础，而不是制成品价值的保证。"

针对市场现状，周德田建议收藏者应当关注那些还没有成为大师，但具有中级职称的创作者，因为他们年富力强、精力充沛、富有创造性，并且为了成为大师必定会全力钻研紫砂技艺，具有创做出精品的必要条件。

所以，投资当代大师壶和投资老壶一样，这两个板块中都存在一定的投资风险，投资者稍有不慎就会沦为高价壶，甚至赝品壶的接盘者。

古代名家作品的投资技巧

以往，古代名家作品的拍卖价格往往不理想，曾长期停留在几万元的价格上。那是由于圈子里的人一致认为紫砂壶鉴定难，判定是什么时代的已很难，判定是什么时代什么人做的，更难。大家不敢碰的原因就是真品、假货很难判定。

如今，新品壶的价格上涨的同时，古代名家作品壶也已有突破百万元的拍卖价，数百万元也不奇怪。这就说明人们判定紫砂壶真赝和好坏的能力有了很大的晋升，这种晋升是文化的晋升。文化热具有持久的意义，假如不是文化的热，而仅仅是投资的热，它就是不健康的，它就会短暂，接最后一棒的人就会吃亏。

由此可见，古代名家作品带来的紫砂壶热，会持续不断地热下去。

投资古代名家作品，首先要了解到底古代有哪些名家。

紫砂壶的创始人是明代的供春，在明代还有三位制壶名家，他们是时大彬、李仲芳和徐友泉。他们所制的各种名壶，风格高雅、造型灵活，古朴精致的艺术韵味，妙不可言。

清代的制壶名家有陈鸣远、惠孟臣、陈曼生、杨彭年和邵大亨等。

此外，名家还有陈汉文、杨季初、张怀人等，他们的壶一柄值数十万、数百万都不足为奇，这是拍卖场上的价格和市场的价格。

⊙丁淑萍 蜂巢壶 原矿紫泥
荣获2004中国工艺美术民间工艺品博览会金奖。

但有时在古董市场上或地摊上，说不定数千元或1万元就能碰巧买到，只要你识货，就不会错失良机。有些名家作品，如明正德、嘉靖年间的民间紫砂壶艺人供春的作品，现在几乎看不到了。一旦拥有这样的大师作品，价值连城。

清末民初高级工艺师顾景舟所制的好壶，价格要达数万元，而名家吕尧臣的作品，则几千元到几万元不等。

精品市场中，清代紫砂壶仍是高端市场的主体，从历年紫砂壶成交价格前二十名来看，清代紫砂壶就占了八成。

对于普通收藏者来说，与其购买价值数万元、数十万元的明、清紫砂壶，倒不如以较适当的价格，收藏价位较低的近代精品紫砂壶，在市场上有机会还能看到，一把20世纪初期的紫砂壶仅需千元。

精而少的作品是投资者的首选。古代名家壶也不都是精品，只有数目稀少的精品增值潜力才大。即使在买方市场占上风的形势下，罕见的珍品价格也不会有多大变化，反而会随着年代的增加而为投资者带来丰厚的回报。

投资古代紫砂壶也要避免误区。很多人以为紫砂壶越老越好，专门藏旧壶、老壶，这也让紫砂壶市场出现了很多造假的现象。衡量一把紫砂壶收藏价值高低的关键，是看艺术价值，并非是越老越好。

收藏紫砂壶最忌贪便宜，现在市场较乱，名家的壶都有仿品，所以，刚起步的投资者，最好不要考虑古代名家作品，考虑自己的消费水平和承受能力，价位在2000～5000元一把为宜。

通常，在艺术价值同等的情况下，越古老的紫砂壶越有投资价值。紫砂壶始于明代，清代发展到了高峰，如古金钱色的品种，最不易得。如果遇到贩卖宋代以前的紫砂壶，应是伪品。

古代紫砂壶中，有一类是贡品，收藏投资价值更高。古代江南等很多地方的官员向皇室进贡的贡品,这类紫砂壶几乎很难看见,一旦看见,不惜代价也要购到。

由于古壶数量极少,断代辨伪难度很大,对于普通收藏投资者,与其选择明、清老壶或已经谢世的大家作品,不如选择目前仍活跃在紫砂业界的名家。

无名氏壶的投资技巧

有些喜欢购藏江苏宜兴紫砂茶壶的人士,过于"迷信"制壶者的名气,着意壶底或壶身上的刻款,以致错过不少真、旧珍罕精品。并且他们往往受骗,因为许多制作较差的旧壶(本来无款名),可能被后人添伪款,充作明、清名家之作;也可能误购一些近代造旧的仿名家制作的紫砂壶。

其实,自明代供春及时大彬等名家以来,有不少"大师级"的名家亲手捏制的珍品同样没有刻款。这就需要靠收藏投资者自己的识见、判断、鉴赏眼光与喜好等因素,决定是否购藏。

刻款仅可作为参考,有时刻款反而露出伪品的破绽,刻法与用字等会提供真假线索。

总之,首重紫砂旧壶的泥质、本身的手艺和造型、烧制的火候和水色、独特的神韵风格、与他壶不同的创意等,才是选壶之道。

◎史永棠作品　　　　　◎徐美萍　元风壶　本山绿泥

不少人往往轻重倒置，让款名"喧宾夺主"。因为现代是一个注重名气的时代，以为有名气者就有保证，甚至保值增值，其实这已忽略了保藏与赏玩的基本乐趣，更遑论兴趣及情趣。

有些无名氏艺人，用料真实、做工精细、有自己独特制壶风格，创作了一批传承与创新并重的好作品，只不过现今没有名气或名气较小，所以价格低。

对于资金不太宽裕的初级紫砂壶爱好者来讲，这种无名氏作品就如同黑马，他的未来成长性较快，日后名气及口碑长足发展的时候，其壶的附加值的增长，定会给投资者带来满意的回报。这样的无名氏艺人属于"潜力股"，给投资预留了很多利益空间，值得投资。

■ 名家书画壶的投资技巧

迄今为止，拍卖价格最高的紫砂壶不是紫砂壶艺人单独创作的作品，而是著名书画家参与而创作刻画的紫砂壶，1948年由顾景舟制、吴湖帆书画的"相明石瓢壶"，拍卖成交价高达1232万元，创造了紫砂壶的最高成交价格。

⊙汪寅仙制、吴青霞绘 荷塘月色壶

○ 乐泉生制、关良刻画 泉生壶

这释放出一个信号：书画家参与刻画的紫砂壶，其投资价值最高，应重新认识这一板块。

紫砂壶问世以来，就与书画名家结下了不解之缘。传说北宋大文豪苏东坡当年在讲学期间，亲自设计了"提梁壶"，并在壶上刻下了"松风竹炉，提壶相呼"的诗句。这是宜兴紫砂壶与书法艺术的最早结缘。

自明朝时兴散茶冲泡法开始，紫砂壶以其优异的材质和独特的功能，成为人们不可或缺的茶具，也成为文人士大夫的掌中新宠。特别是书画名家，以他们深厚的文化底蕴和独特的审美情趣，间接或直接参与到紫砂壶的创作之中，或为紫砂壶撰制壶铭，从而将紫砂壶这一普通的饮茶器具，提升成为既具有实用功能，又具有艺术品位，既能够把握赏玩，又可以珍藏的艺术品。

书画名家与紫砂文化的联姻，成为一种传统，自明、清时期到现代，绵绵不绝，名家名壶交相辉映，成为人们津津乐道的艺苑佳话。

在当代，书画家参与紫砂壶，继承了这一传统，当代名人壶作品中，有一批著名画家参与的作品特别引人注目。尤其是一批海上画坛风云人物参与画壶，为今天的紫砂壶收藏投资者带来了惊喜。

说到这批当代名家书画壶，还有很多故事。20世纪70年代末至80年代，上海美术馆邀请唐云等十余位海上国画名家，绘制了

⊙ 陆俨少绘稿、葛玲琴制 高韵壶　　⊙ 唐云书画、沈觉初刻、谈跃伟制 得福壶

一批宜兴紫砂壶，并由徐孝穆、沈觉初等名手镌刻。

海上画坛著名书画家参与画壶的代表人物还有朱屺瞻、王个簃、关良、陆俨少、谢稚柳、程十发、陈佩秋、赖少其、应野平、吴青霞、邱受成。

这些海上名画家画的紫砂壶，放在卖品部销售，很长时间价钱一直都没变过，标价6000元，打折5000元。但在20世纪八九十年代，这个价钱国内也很少有人会光顾，国人囊中羞涩，留不住这些壶。它们中的绝大多数都成了"海外游子"，后来大都被一个新加坡藏家买走了。

最后两把壶分别有陆俨少、方增先手迹，且皆由名刻手沈觉初镌刻。

一壶陆俨少画了孤舟一片。陆画当然好，不知是老先生或许尚未谙画壶之道，还是潦草应付，这片孤舟过于孤了。另一壶是方增先画的人物，画得颇为精致。

无论画壶者、刻壶者、制壶者，还是策划此事者，当时恐怕都不会想到，将来有一天，这些即兴之作会被香港中文大学饶宗颐教授视为"紫砂复兴之第二浪"。

三十多年后的今天，新加坡收藏家有意出让这批唐云等人画的紫砂壶，这批紫砂茗壶又回到了上海。

其中唐云画的壶最多，有六十余把。唐云精于此道，善于将书画的章法和壶的造型相融合，使之与壶成为有机的整体，明显地提升了原壶的趣味和格调。如唐云绘的两只蟋蟀，栩栩如生、鸣声在耳。

从他创作的作品中，可以看得出曼生壶对他的影响，有些章法布局以及诗句就是源自曼生壶，但也处处可见唐云自己的个性和创意，如山水画是曼生壶没有涉及的。

⊙ 高丽君制、朱屺瞻书 一栗铭明君壶

在清末民初，也有一些画家将山水绘于壶上的，但唐云的绘画高于他们的，更具有整体感和笔墨气韵，构图有奇趣、逸趣。而且他与刻手徐孝穆、沈觉初"磨合"出相得益彰的境界来，也是非常重要的。

唐云知道怎样的画刻在壶上效果才好，而刻手也知道该如何再现他的笔墨。在壶上，他很少用大面积的墨色，因为刻出来吃力不讨好。他总是尽量发挥线条的魅力，书法往往铺满整面，更显装饰效果。

朱屺瞻画的壶也有十把，好像与其他的壶不是一批画的，其壶做工都较为精致，造型也像是后期一些。做壶人的工艺和成就也似乎高于其他壶的制作者，如1926年出生的邵盘洪、1934年出生的王三大（名壶手王寅春之子）、1937年出生的顾道荣。

为朱屺瞻刻壶者中，竟有著名雕塑家徐勇良。朱屺瞻画的壶还有一个特殊之处，壶底除了制作者的姓名印，还有"上海中国画院监制"的印章，这个章是童衍方刻的。

⊙王个簃画、徐孝穆刻 环龙三足壶

⊙陈佩秋书画、沈觉初刻、徐晓海制石瓢壶

程十发画的壶存世不多，他好像也不太在意此道，但他还是将机智和幽默体现在上面。他在一把茄段壶上画了一把提梁壶，形成"壶中壶"的趣味。

陆俨少画的几把壶都很精彩。尤其一把"秋浦归帆"，壶下方孤帆一片、芦苇一丛，壶上方几根长短不一、波浪起伏的线条横贯壶体，形成了烟波浩渺的画境，令人过目难忘。

关良画的壶极为罕见，其中也有两把。其他人如王个簃、应野平、吴青霞、谢稚柳、陈佩秋等，他们的书画易见，壶却是少见的。

这批海上名家书画壶的制作者，有吴培林、王秀芳、葛陶中、徐维明、陈洪平、徐雪娟、房玉兰、徐徐、顾斌武、徐元明、范其华、范早大、徐萍。其中大多数在当时还是小字辈，如今他们都已成紫砂陶艺界的名家了。这些壶有助于研究一个有潜质的制壶手的早年迹象。

宜兴紫砂大师徐秀棠是当年这些壶诞生过程的见证人。这批海上名家书画壶中，还有一把是其千金手制，邱受成画虚谷风格的金鱼二尾，并由徐秀棠亲刻。

如今，徐秀棠欣然担任主编，将这批紫砂壶编辑成《宜兴紫砂壶》乙丑特辑，精印面世。

用今天的眼光来看，这些壶或许不够精致，但是它们却有着现在宜兴紫砂壶正缺失的气质。现在宜兴紫砂壶看上去"精益求精",是一个进步,但也可能成为一种退步。犹如画画,若只一味追求逼真和工细,则会落入媚俗的行画套路。从当初那些小字辈的作品来看,隐隐有着一种不媚俗的、坦然自在的大气度。

这种大气度,或许有些壶手现在已不再继续保持。所以,有识之士说:"当今的宜兴紫砂壶艺人若要追求真正的艺术大师境界,而不是职称的大师境界,应该反思。壶是实用的,壶也是有生命和气格的。顾景舟是将紫砂壶的实用、精工和艺术性结合的成功范例。美是自然的,坦然的,而不是矫揉造作的。"

顾景舟制、吴湖帆书画的"相明石瓢壶"之所以能拍卖出最高价,是因为它表现了那个时代文人、画家特有的情怀意趣,如今更是难以重现了。

⊙徐徐制、徐秀棠铭 紫泥古莲子壶

紫砂壶的保养技巧

紫砂壶的保养是收藏的重要一环,有人很会收藏(购买),但不会保养,最终千辛万苦收藏来的紫砂壶因缺乏保养而出现问题,导致贬值。

紫砂壶的保养也称为养壶,是人与物的交流和沟通,用手或毛巾之类的柔软织物摩挲的过程就是和砂壶的沟通过程,日久它便能闪烁五彩纷呈的光华。所以也有人称养壶为玩壶,认为玩壶也是养壶的重要内容。紫砂壶的保养分为查壶、开壶、养壶等方面。

查壶

新壶购买回家后,首先要经过查壶、理壶程序。

新买的紫砂壶,先要查看壶盖、壶口是否吻合,气孔是否阻塞,茶嘴出水是否顺畅,壶内、壶底、壶壁是

⊙吴锡初 梅桩壶 黄金段泥 200毫升

否遗留泥屑等,如发现泥屑留存和阻塞,则应用木质或竹质物将其除掉。将里外刷洗干净,将壶内残留的砂粒彻底清除。如盖口不平整或不吻合,应该用砂纸磨平或用金刚砂磨吻合。经验丰富

的收藏者，一把新壶买回后，还会注意用旧砂纸在外皮（里面也可以）轻轻地打磨一遍，然后用清水冲洗后放沸水中蒸煮，对壶进行消毒。

开壶

新壶在使用之前，需要处理，这个过程就叫开壶。开壶也有许多方法，下面介绍其中几种。

1.用清水煮至少1小时。经过查壶、理壶后，再将其置入干净而无异味的锅中，用清水浸泡。具体方法是将壶盖与壶身分开，放入凉水锅中，将锅置于炉子上，以小火慢慢加热至沸腾至1小时后关火。这一步可以热胀冷缩，让壶身的气孔释放出所含的土味及杂质。

2.用老豆腐煮1小时以上。将白水煮过的壶与一块老豆腐一同放入清水中去煮，方法同上，至少1小时。这个步骤叫作去火气，目的是为了褪掉制壶时高温煅烧带来的火气。

3.用嫩甘蔗头煮1小时以上。将上面的壶与一段嫩甘蔗头，一同放入清水中去煮，方法同上。

4.用茶叶煮1小时以上。将新壶与茶叶一同放入清水中去煮，方法同上，至少1小时。需注意的是，锅中的茶汤容量不能低于壶面，以防茶壶烧裂，且投入的茶叶，最好用与以后冲泡的茶是同一类品质的茶叶。

⊙王国祥 大彬提梁壶 清青泥 1080毫升

◎孔春华 吉祥如意壶 450毫升

上面四个步骤，既可除去土味，还可以使壶得到滋养，煮后的新壶置于干燥且无异味处阴干后，紫砂壶才可以正式开始使用。

也有人开壶的方法比较简单，对待用纯正的紫砂所制新壶，在开始使用前用开水反复烫洗几遍即可，不再用其他方法开壶。但有时难免碰到壶体打蜡上油的情况，这就需要细心地把壶收拾干净再使用，否则会影响壶使用。

养壶

新壶经由开壶程序后，就可以正式使用了，使用的过程也就是养壶的过程。相对于开壶，养壶的过程更加漫长，需要有耐心。一定要在品茶的过程中养壶，而不是在养壶的过程中品茶。

养壶也叫泡养，新买紫砂壶需要泡养。在泡养过程中，切不要太心急，千万不要用有细金刚砂颗粒的抛光布之类的材料擦，这样很容易伤及表面，留下划痕，从而破坏紫砂质感。比较好的方法是，用粗硬的棉布擦拭，清洗时用尼龙刷。不要太用力，以免不小心戳坏茶壶。养壶的方法五花八门，究其宗旨，基本原则都是一样的，不外乎以下几点。

1.在泡用紫砂壶前，除倒去茶渣外，还要用热水冲去残汤，彻底将壶身内外洗净，保持清洁。

2.喝完茶后，壶内最好不要留茶叶，要倾倒洗净。

3.保养时切忌油污接触，要用茶汁润泽滋养壶表。

4.茶壶还应经常擦拭，并用手不断抚摸，清洗茶壶表面时，也尽量用手加以擦洗，洗后放于干燥通风且无异味之处阴干或晾干。

5.紫砂壶的使用和保养还要注意让壶有休息的时间。

6.虽然紫砂壶确实有隔夜不馊的特点，但隔夜的茶，会有陈汤味。从卫生方面来讲，紫砂壶终究不是"保险箱"，而且茶泡后放置10小时再喝，本身对身体就不利。

7.泡养茶壶要用心，斟茶时要用正确手势，最好用食指轻轻摁住盖沿。平时喝茶，可以用干净毛巾擦拭，不要将茶汤留在壶面，否则久而久之壶面上会积满茶垢，擦拭以后会有浮光，这种品相，玩家比较忌讳。

养壶如养性。一把养好的壶，应该呈特殊光泽，这种光泽应该是"内敛"的，犹如谦谦君子，端庄稳重。

保养要留意的细节

紫砂壶的使用和保养要留意几个细节。

1.在养壶的过程中要始终保持壶的清洁，尤其不能让紫砂壶接触油污，保证紫砂壶的结构通透。

2.在冲泡的过程中，先用沸水浇壶身外壁，然后再往壶里冲水，也就是常说的"润壶"。

⊙丁淑萍 蜂菊壶　原矿朱泥、绿泥
获中日韩国际茶文化交流会名壶展评"国际金奖"。

3.紫砂壶泡一段时间要有"休息"的时间，一般要晾干三五天，让整个壶身（中间有气孔结构）彻底干燥。

4.在泡茶的过程中要将壶身放平，注意用湿布擦拭壶身有茶汁处，平时可用手不断地抚摩壶身，让茶汁和人体的油脂充分渗入壶体内。

5.每次用完壶后，应立即倒出茶叶，下次使用前要用开水冲洗干净。这样经过不断养护，壶的色泽会越来越漂亮，壶身也会变得如婴儿的皮肤一般细腻光滑。

有收藏者不懂养壶的道理，将新买回的紫砂壶往陈列柜里一摆，或者往箱子里一装就算完成任务，殊不知，如此藏壶方法是最不可取的。新购回的壶，必须用心去养，然后再存放。

⊙ 高群 八卦壶

　　养壶用茶也很有讲究，第一当选台湾冻顶乌龙茶，其次是福建安溪乌龙茶以及铁观音，再其次是红茶。因为乌龙茶、铁观音是半发酵茶，兼有红茶性温的特点。不要用花茶来养壶，因为花茶花味太强烈，会冲坏其他茶叶香味。在玩壶时最好用山泉水，因为它是自然之水，没有任何异味，不会干扰茶叶的香气。千万别用自来水，因自来水有漂白粉的气味，能直接破坏茶香的醇正。

　　保养壶需要留意的细节中，重点是一要茶汤滋养；二要沏茶浇淋；三要布巾擦拭；四要掌砥摩擦。条件许可，还可轮流换壶使用。养壶说起来好像挺复杂的，其实做起来很容易，只要平时一点一滴在细节上多注意。

　　好壶需要保养，保养好的紫砂壶包括善待它、爱护它、正确使用它，养壶养成光亮如玉后，说明已经养好了，时间长了便会生出感情，久而久之，藏家就会把它当作生活的一部分，爱不释手，壶的精神价值就越来越高。

可见，养壶的过程就是人与壶情感交流的过程，也是以壶会友共同提高茶文化品位的过程，更具有交心交友、增益身心健康的作用。

保养的误区

有些人对养壶有几个误解，收藏爱好者千万要注意。

1.切忌心急。养护是个漫长的过程，不可能一蹴而就，坚决不能用细砂布、砂纸、抛光布等擦拭紫砂壶，这样做会损伤壶的表面，使壶失去自然光泽、留下划痕，从而破坏紫砂质感。

2.切忌剩茶。有些养壶的人，认为饮剩的茶汁留在壶里有助于壶的养成，这是错误的认识。虽然紫砂壶泡的茶确实有隔夜不馊的特点，但隔夜茶会有陈汤味，对紫砂壶损害很大，而且不卫生，对身体不利。

⊙孔小明 金龟出水壶 380毫升

3.切忌一把壶泡所有的茶。有些人喝什么茶都用同一把壶，这是错误的。一定要做到饮什么茶用什么壶，必须严加区别，不能混淆。

4.并非所有的壶都能养好。养好一把壶，需要比较长的时间，需要用壶之人有一个好的习惯，但归根结底，还是要先有一把用好泥料制作的壶，否则是养不出来的。也就是：好泥料的壶＋好的养壶方法＝一把好壶。

5.切忌将壶买回来就储藏起来。有收藏者不懂养壶的道理，以为养壶就是将壶放置在干净的地方就可以了，所以将新买回的紫砂壶往陈列柜里一摆，或者往箱子里一装就算完成任务。殊不知，如此藏壶方法是最不可取的。新购回的壶，必须用心去养，然后再存放。

⊙孔春华 万象更新壶 460毫升

专家答疑

紫砂壶的式样有哪些？

一把紫砂壶准确地说共有纽、壶盖、壶腹、壶把、流嘴、足、气孔七个部位。

而从制作的工艺上细分：纽有珠纽、桥式、物象纽等三种；壶盖有嵌盖、压盖、截盖；把有单把、圈把、斜把、提梁把；流嘴有长流、短流之分；足有圈足、钉足、方足、平足之分。其形式真可谓纷繁多样。

历代流传的紫砂壶形制都有一定名称，至今还有数十种流行。如洋桶、一粒珠、龙蛋、四方、八方、梅扁、竹段、鱼化龙、寿星等，仍广受藏友欢迎。

⊙丁淑萍 日月星辰 朱泥、绿泥和紫泥

为"日月星辰"组壶之四。表现了晚上的景色，夜幕降临，夜色笼罩大地，一轮弯月挂在天边，天空中繁星点点。用云朵衬托整个茶壶，感觉飘飘然远离了大地，夜空中一片寂静，只有星星在闪烁，仿佛要为世人实现每一个愿望……

紫砂壶从造型上来说有花壶和光壶之分。光壶根据球形、筒形、方形及其他几何形变化而来，用线条、描绘、铭刻等多种手法来制作。花壶是把自然界动植物的自然形态，用浮雕、半浮雕等造型，装饰设计成仿生形象的茶壶，使其充分表现出自然美和返璞归真的原理。

现代人较注意紫砂壶的收藏价值，单从其收藏价值考虑，紫砂古壶价值连城，名家之壶则更为珍贵。

收藏紫砂壶的原则是宁缺毋滥，尤其对于中产人群来说，拥有一两件精品即可。

紫砂壶泡茶有哪些好处？

1. 色香味皆蕴

紫砂陶是从紫砂锤炼出来的陶，既不夺茶香气、又无熟汤气，故用以泡茶，色香味皆蕴。

科学机构也因紫砂壶的"暑月越宿不馊"一事，对紫砂壶与陶瓷分别做了具体测试，证明了紫砂壶较陶瓷优胜很多，这一结论是基于紫砂原料的独特性。

2. 砂质茶壶能吸收茶汁

紫砂壶使用一段时日，能增积"茶锈"，所以空壶里注入沸水也有茶香。

3. 方便洗涤

紫砂壶日久不用，难免异味，可用开水泡烫两三遍，再泡茶时，就不会有异味了。

4. 冬天泡茶绝无爆裂之虑

紫砂壶对冷热急变适应性强，寒冬注入沸水，不因温度急变

⊙高群作 寿桃壶 特大壶

而胀裂；而且砂质传热缓慢，不管提、抚、握、拿均不烫手，冬天泡茶绝无爆裂之虑。

科学证实紫砂壶确实不仅有保持茶汤原味的功能，而且能吸收茶汁，具有耐冷耐热的特性。

5.高温和低温下烧茶不会炸裂

紫砂陶质耐烧，能放在文火上炖烧不会炸损，冬天置于文火烧茶，壶也不易爆裂，在高温或低温下不会炸裂。

当年苏东坡用紫砂陶提梁壶烹茶，有"松风竹炉，提壶相呼"的诗句，也绝非偶然。这就是古今中外讲究饮茶的人，之所以特别喜爱用紫砂壶的原因。

6.经久耐用，玉色晶光

紫砂壶经久耐用，涤拭日加，自发黯然之光，入手可鉴，于是器身玉色晶光，气味温雅，并以边喝边把玩摩挲为乐事。

与其他泡茶工具最大的不同在于，经过一段时间的水滋养，紫砂壶能表现出"外类紫玉，内如碧云"（闻龙《茶笺》）的状态，紫砂也就有了紫玉金砂的名头，浑身散发的光泽使品茶人对紫砂壶的感情非"陶醉"一词可以形容。

何谓紫砂市场上的"回流壶"？

曾经销往港台地区，如今又回归内地的紫砂壶称作"回流壶"。"回流壶"是艺术品市场发展冷热不均的结果。20世纪80年代，台湾收藏家在内地大量收购紫砂壶，造成紫砂壶价格大幅上涨，亚洲金融风暴后，很多紫砂壶投资者被套牢，港台紫砂市场进入封冻期。近几年，随着紫砂收藏热潮的涌起，这些曾经的精品逐渐回流内地，业内称之为"回流壶"。

中国嘉德2008年秋拍11月10日举槌"至味涵硕·紫玉金砂名品"专场。至味涵硕紫砂精品馆的创办人李铭为专场拍卖所拿出的紫砂壶大多是"回流壶"，都是他多年来陆续从台湾人、香港人手中买来的，每件作品都堪称极品，包括邵禄余的"描金莲子壶"、裴石民的"束柴三友壶"、朱可心的"掇球壶"、顾景舟的"雨露天星壶"、何道洪的"梅花周盘壶"等。

近几年，紫砂市场逐步升温，紫砂"回流壶"价值凸显，主要原因是内地经济迅速发展，人民生活水平不断提高，为艺术品投资和收藏创造了良好的经济条件。其次是社会品茶之风愈来愈浓，这也从一定程度上带动并促进了紫砂文化的发展。而且经过多年的调整，紫砂市场也开始渐渐走出低谷，趋于理性。于是，爱好紫砂的藏友开始把目光更多地放在"回流壶"上，别具特色的紫砂"回流壶"正在成为紫砂壶收藏市场的新兴"潜力股"。

"回流壶"与现代壶相比有其自身的特点。"回流壶"中有相当一部分是孤品、精品；它们都是通过市场反复筛选后辗转流回内地市场的，不是大师级的作品就是实力派工艺师的作品。况且，20世纪80年代的泥料和制作工艺，具有鲜明的时代特色和独特的艺术风格。大部分的"回流壶"已经经过市场的多次交易和沉淀，价格不菲，重归市场时一般都会高于此前交易的市场行情，因此"回流壶"价格比新壶贵很多，所以收藏"回流壶"的大多是行内有实力的紫砂藏家。

初级入门者如何收藏投资紫砂壶？

先学习后出手

初学收藏紫砂壶的人，要多读相关知识的书籍，多看展览，多和别人交流，多了解市场行情。要先了解，后出手。

先低价再高价

初玩紫砂壶，应选择300～2000元的中档价位。投资的紫砂壶应该多元化，不同的大小、砂料、款式都可以按自己的偏好选择。除了去正规的专营店购买，眼力练出来的收藏者也可以去旧货市场淘宝。作为工薪一族，可以先关注年轻有潜力的作者，最好是他们的纯手工作品。

先模具壶后手工壶

投资者首先考虑的应是紫砂壶的收藏价值，模具壶因为是批量生产的，它的存世量很大，制作工艺和水平也较低，所以收藏价值不高。但是，对于从来没有购买过紫砂壶的初学者，可以先买几把模具壶，用来试手，看看、摸摸，有了感觉之后再出手。作为投资，手工壶是首选，特别是名家烧制的手工壶。

收藏"名人壶"也要注重艺术质量

初级收藏投资者往往会关注"名人效应"，目前一些高级工艺师的佳作，市场价格在数万元到10万元，这不是一般的初级收藏投资者可以承受的。所以，选壶时不要过分看重"名人效应"，因为名人壶价格相对较高，但名人壶并非件件精品，特别是受到市场利益的驱动，有的名家壶，其实也只是"工手壶"，是名人的学生和徒弟批量生产的，只不过挂了名人的证书。更令人苦恼的是，市场上流通的名人壶，大多是假冒货。如真要购买名人壶，最好直接从名人手中购买。

◎孔小明 云柱壶 600毫升

学会鉴别

初级收藏投资者在投资紫砂壶时,需要了解和掌握鉴别方面的基本知识。因紫砂茗壶存世量有限,所以中国香港、台湾地区及东南亚的商人纷纷来内陆"淘金",他们走遍大江南北,搜集名家旧壶,之后又开始转向订制当代名家新壶,紫砂的收藏热潮越来越火爆。就在这股收藏热潮中,一股暗流伴随而行,大量仿制的明、清旧壶流入交易市场,致使海内外真正紫砂壶的保藏者和爱好者的热情大受挫伤,紫砂壶的保藏也转入了低潮,真品的市场价位也随之跌落。因此混乱的市场导致紫砂壶也存在良莠之别,假壶满天飞,而真壶却无人问津。所以,对紫砂壶的鉴定与甄别就显得非常重要。

慎买高价获奖壶

要慎买高价的所谓的获奖壶,有些获奖壶是由近年来的会展经济带动起来的。因为收藏者购买的壶不一定就是那次展会上获奖的那把壶,而且一些会展评奖中含有水分。因此,投资者购买要理性、慎重,首要还是要注重壶本身的艺术价值。

寻找自己喜欢的壶

因炒作性宣传的误导,导致很多收藏投资者迷失方向。成功的收藏投资者都是依照个人的审美趣味,选择既符合精品壶标准,又是特别喜欢的藏品,无意中使收藏投资获得超额收益。凭自己的眼光和喜爱收藏的壶,往往没有被骗的风险,而且很可能在将来成为"黑马"品种。

树立正确的投资理念和心态

目前市场上充斥了大量诸如"大师壶增值潜力不可限量、紫砂泥料开采殆尽、好料难寻"的信息,严重地误导了收藏投资者,吸引了大量的外部资金进入了紫砂市场，使某些制壶艺人的身价在短时间内获得大幅跃升，带有一定功利性。这样炒做出来的"大师壶"，其实存在极大的风险，因为暴涨之后往往是暴跌。

收藏投资紫砂壶要有正确的投资理念和心态，不要以急于挣钱的心态去购买，这样容易被人欺骗。此外，收藏投资新壶不能只看现在的价格，还要看两年以后的价格。

紫砂壶投资首选哪些门类更合适？

名家制作的紫砂壶

名家制作的紫砂壶是收藏与投资的首选。作为一种绝技，紫砂壶除了讲究泥质、工艺和装饰方式外，制作水平也是影响价格的关键因素。鉴于名家通常具备高超的技艺，在师承传统的同时往往会不断创新，代表着一种工艺特色和流派，因此，他们的作品历来受到藏家的重视和青睐。所以，在经济实力允许的条件下，投资者应该首选名家之作。

⊙高群 清竹壶 紫泥

艺术价值高的紫砂壶

艺术价值反映市场价格。紫砂壶的造型各有千秋，但艺术水准的高低却是衡量市场价格的重要标准。紫砂壶上各种奇异的树枝、花果、筋纹和描绘的图案及文字，都是紫砂壶精美绝伦的艺术价值的体现，自然受到收藏者的眷顾与珍爱。

有鲜明时代特征的品种

在满足上述艺术价值的前提下，具有时代烙印的品种应受到收藏投资者重视。紫砂壶在不同历史时期的流行特点，往往具有时代的印迹，尤其是某段时期代表性的作品，常常是千金难求之杰作，在紫砂收藏界具有非常高的地位，其历史价值和投资价值也非同寻常。如1966～1976年"文革"时期制作的紫砂壶，主要以泥绘或镌刻革命图案与文字为特征，而且在造型与内部结构上也出现了变革。

纯手工壶

投资者应选择纯手工壶。手工壶中有半手工壶，即有一部分是压模批量制作的，这样的手工壶已打了折扣，只有纯手工壶，即全部采用纯手工制作的壶，投资价值才高。

藏友们要相信自己的眼力，要从壶的气质上进行观察。壶与壶之间的内在气质是很不一样的。紫砂壶的整个制作过程都是作者在表达自己的思想，饱含生命的体验和感受。因此，有价值的纯手工的壶，整个制作是由内而外展开的，包含着一种蓬勃的力量，会给人一种向上的感觉。

总之，投资紫砂壶需要根据工艺特点、艺术价值、名人效应和流行趋势等进行综合考虑，优中选佳不仅是收藏的真谛，也是市场投资最基本的着眼点。

现在还有"捡漏"的机会吗?

到处流传着捡漏的传说,人人都想捡漏,这种时时想着捡便宜的心理,其实是一种错误的心理,有时不仅"漏"没有捡到,反而遭到骗局和损失。

有捡漏的念头并没有错,只是捡漏是在有着丰富的知识积累和辛勤地四处奔波寻觅的基础上才会出现的奇迹,是凭知识、经验和眼力而获得的意外收获,而不仅仅是轻易地买了个便宜。所以捡漏的理念首先是学习、学习、再学习,勤奋、勤奋、再勤奋。

在两种情况下收藏者可以有机会捡漏。一种是壶本身相当好,但是小有瑕疵,或者是出窑后有自然掉砂,或者轻微窑裂,但不至于影响使用的情况,可能是因为运送或使用时轻微的磕碰。如果瑕疵的情况不至于影响实际使用,也不严重影响全壶的整体美观,这样的"漏"值得一捡。古壶的收藏尤其如此,一把壶的胎土及工艺的精妙之处是不会因为这些小瑕疵而减损的。

⊙范建中 期待壶 红泥

另外一种情况就很少见了,就是卖给你壶的人本身不识货。这个情况在目前来说基本不会发生了。所以,往往你以为捡了个"漏",偷偷地笑,其实心里比你笑得更开心的是卖壶的人,只有他知道,你不但没有捡漏,反而被他宰了。

当然,捡漏不是没有的,捡漏最重要的还是要看你与精品有没有缘分。文学家陆文夫、张洁捡得茗壶,就是紫砂壶收藏界著名的捡漏故事。

20世纪五六十年代,陆文夫还信奉"玩物丧志"的信条,虽然也常逛古董店,但在"偶尔为之、有实用价值、不超过一元钱"三项基本原则的约束下,并没买过多少古董。一次,他在小摊上看到一把鱼化龙紫砂茶壶,造型浑厚,紫黑而有光泽,便花八毛钱买了下来。这把壶陪伴他几十年,直到1990年,制壶名家偶然造访他,才发现是清代制壶名家俞国良的坞灰鱼化龙壶,是难得的传世珍品。

张洁得壶的过程也很平淡,她本来是要到天坛买熬中药的罐子,走过一地摊前,见有玉石,便驻足片刻,摊贩趁机向她推销玉石。她发现旁边摆的一把茶壶,眼睛立马一亮。这壶虽然污迹斑斑,布满茶垢,但壶的造型,却有一种不同凡俗的气质,直觉

⊙ 范建中 四季如意壶 红泥

告诉她，这是件好东西。摊主两样各要一百元，她先砍价一半，最后以每样六十元成交。回家擦拭后查阅资料，才知道是紫砂壶艺一代宗师时大彬所造，为珍稀名品。有人说，此壶曾流落于天津、北京的地摊，多少人对它视而不见，若不是张洁一双慧眼，还不知它要在风尘中晃悠多少时日。

在笔者看来，张洁买的时大彬造紫砂壶，很可能就是赝品，毕竟时大彬流传下来的真品紫砂壶流传有序的凤毛麟角，基本不可能在地摊上出现，早在多年前，市场上就到处流行新仿时大彬的赝品，仿品比真品还古旧。清代、民国就有大量的时大彬仿品，壶底像模像样地盖有时大彬款铭，当时的仿品铺天盖地，时大彬在那时其实已不是一个作者，而是一个品牌，是紫砂壶的一个代名词。所以，张洁买的时大彬紫砂壶，就算是民国出品，也有一定收藏价值，这种幸运可谓"捡漏"，因为出现这种机遇的情况微乎其微，基本可以判断为是当代仿品。

捡漏本身就是一种邂逅。除却陆文夫偶然的机遇不说，如果是常玩收藏的人，练就一双慧眼绝非等闲功夫，要交学费，要有滚过刀山的疼，要有九蒸九晒、失眼赔本的经历。然而一旦有了火眼金睛，便可达到"海阔凭鱼跃、天高任鸟飞"的境界。树立了这种捡漏理念，收藏者才能有平常心，才能有无为无不为的境界。

紫砂壶的收藏要点有哪些？

壶艺爱好者和收藏者在选购紫砂壶时，不妨就以下几个要点方面加以考量。

年代

紫砂壶并非越老越好，不能一味珍藏老壶、旧壶。当今市场上有三种作假手段：一是将紫砂壶涂上白水泥，然后用水去泡，做成出土效果；二是将泥料的表面擦上皮鞋油以作旧，俨然人手经常抚摸的样子，看上去有古旧感；三是用强酸侵蚀紫砂壶作旧。衡量紫砂壶珍藏价值之高低，重要的是看艺术价值，紫砂壶并非越老价值越高。

实用功能

即指看壶艺的功能美。紫砂壶的功能美主要表现在容量适度、高矮得当、口盖严紧及出水流畅四个方面。紫砂壶是用于泡茶的器皿，在选购时不妨先就其实用的功能加以考量。优良的实用功能是指其容积和容量是否恰当，壶把是否便于端拿，壶嘴出水是否顺畅，让沏茶品茗得心应手。使用上的舒适感，可以产生情感，愉悦身心，百玩不厌，让人珍爱有加。壶的容量大小较为重要，可根据不同情况选择合适容量的紫砂。茶壶容量大小差距甚大，大者容水数升，小壶只有一杯的容量。有的人交友广泛，天天和朋友相聚，如果选用小壶来泡茶，那光是来回地倾茶

⊙吴锡初 如意壶 原矿红泥 440毫升

注水便够他手忙脚乱、满头大汗了。相反，若是三两个朋友相聚，选用大号紫砂壶就如同"牛饮"，有失风雅了。

工艺性

紫砂壶的工艺性是指制作的技术水准，也是评审壶艺优劣的准则。看工艺主要是审视其"泥""形""款""功"等方面的施艺水准。

好的紫砂壶，除了壶的流、把、纽、盖、肩、腹、圈足应与壶身整体比例协调外，点、线、面的过渡转折也一定要交待清楚和流畅。做工精良的紫砂壶或给人高昂情绪的激发，或人文气质内敛的含蓄，不仅表达着作者的思想，更具有区别于其他壶的"神""气""态"。

艺术形式

紫砂大师顾景舟说："艺术要有决断、要朴素、要率真，要把亲自感觉到的表达出来，以达到形、神、气、态兼备，才能使作品气韵生动，显示出强烈的艺术感染力。"紫砂艺术是一种"源于生活，高于生活"的艺术创作形式。一件好的紫砂壶，除了讲究形式的完美与制作技巧的精湛，还要审视造型的适合、装饰的取材以及制作的手法。壶艺本身就是感情，所以一件较完美的作品，必须能够抒发艺术的语言。既要方便实用，又要能够陶冶性情、启迪心灵，使人油然而生艺术美感。

土质

紫砂壶独特之处在于其制作原材料——紫砂泥的优越性。所以评判一把紫砂壶的优劣，首先在于其用泥的品质。好的紫砂泥具有"色不艳，质不腻"的显著特性。所以，选购紫砂壶应就紫砂泥的良莠加以考量。用宜兴的紫砂壶泥料烧制的紫砂壶，因其双重气孔结构，吸水率高，具有一般陶瓷器皿所缺乏的透气性，用以泡茶能不失茶的原味。

形状

指看壶的形制，也就是形状样式。紫砂壶的造型千姿百态，汇集了历代艺人的创作智慧和心血结晶，素有"方非一式，圆不一相"的赞誉。紫砂壶的"形"是存世各类器皿中最丰富的了。具有"古拙韵味"造型的紫砂壶与茶道文化的意境最是融洽，所以紫砂壶的造型考量应以能表现"古拙"气韵的为优选。

款识

紫砂壶的署款，素来非常讲究，它不同于一般作品的自属图章戳记式的格局。因壶艺的韵致格调和书法绘画艺术同传，所用印款，往往出自一代金石篆刻名家之手。鉴赏紫砂壶款有两个意义：一是鉴别壶的作者是谁；二是欣赏镌刻的诗词书画及印款（金石篆刻）。

颜色

宜兴紫砂泥因其矿区、矿层不同，其自然光彩各异，多达几十种，奇妙异常。自然紫砂泥有红泥（或称朱泥）、紫泥、本山绿泥、天青泥（出矿时呈绿颜色，十分难得）和调砂泥等。而今，不少制壶者为满足人们的观赏需求，在陶土里随意添加化学物质，使其颜色变得与紫砂壶相近。最后制做出来的壶，色彩虽艳，但泡茶时就会有异味泛起，弄巧成拙，其价值也会降低。

❋ 常见的紫砂壶收藏误区有哪些？

收藏紫砂壶，一定要多提升自己的鉴赏水平，以防陷入紫砂收藏误区。常见的紫砂收藏误区主要表现在如下几个方面。

先看底款后买壶

"款"指的是名家所制。名家是当代紫砂壶的"名牌",代表着紫砂壶工艺水平的标准。但目前市场上仿名家壶作品众多,收藏者只看紫砂壶的底款很容易上当,以为一看到盖有某某大师印款的就是名家的壶,而进入价格的陷阱。例如,目前市场上很多紫砂壶的壶底打着顾景舟大师的款,但看其"料"和"工"就知道是仿的。所以,收藏者一定要对壶做认真的了解,首先要看的是泥料和壶型,不必考究"款"的因素。收藏者也不要只认定顾景舟、蒋蓉等大师,非"顶级"不藏,而是要结合自己的经济和知识条件,关注一些有实力的中青年壶艺师,因为未来的大师也必将从他们当中产生。另外,有些仿名家的壶,手工和泥料不错,也是可以珍藏的。

太注重花俏色艳

新手玩壶,特别喜欢一些颜色多样、造型复杂的紫砂壶,或者壶身刻满了字,以为壶随字贵,这其实是一种误解。真正好的、耐看并且实用的作品往往是外表稳重光素一些的。如觉得单调,就在适当的位置给予适当的书画点缀。

针对注重花俏色艳的收藏爱好者,一些制壶者、生产者为了满足人们的观赏需求,在陶土里随意添加化学原料,专门出品染色紫砂,制做出来的壶色彩虽艳,但泡茶就会有异味。其实染色

⊙ 潘孟华 新型梅桩壶

紫砂是不宜泡茶的,其价值反而不高。颜色方面,稳重的壶颜色偏重,清秀的壶颜色就会鲜艳一点,跳跃一点。

买壶目的不明

买壶前应该有个目的性,如:是想要寻常用的,还是要珍藏级的;想用来泡普洱的,还是泡铁观音的,等等。寻常用的壶大多在250毫升以内,而珍藏级的作品一般都是250毫升以上的。泡普洱茶的壶身和肚子可以大些,泥料的颜色可以深些,大小在150~250毫升。泡铁观音的要出水快些,壶壁薄些,壶身矮些,泥料颜色可以浅些,大小控制在100~150毫升。宜兴人喜欢喝当地的红茶,他们一般选择250~350毫升的大壶。至于350毫升以上的壶基本属于"观赏型"的壶了,实用性不大。

只注重名家和证书

买名家壶附带证书,有当然好,没有也无所谓。满街琳琅满目的证书,真真假假,有些做壶的人,一张照片复制出很多,等代工做好了就附带在里面。真正名家的壶,单看

⊙吴锡初 君德壶 原矿紫泥 190毫升

⊙ 高群 富裕提梁壶

"精""气""神"就能令人赏心悦目，而生出感慨。假如看着呆板，比例不协调的所谓"名家壶"，买了也没有珍藏价值。还有，产量特别大的名家壶尽量不碰，一个有涵养、有实力的做壶名家，不仅做人低调谦虚，而且产量也是比较少的，宜兴就有很多默默无闻的民间做壶高手，他们不求浮名，不露山水。

只看年代，不看艺术

许多人以为紫砂壶越老越好，专门藏旧壶、老壶，这也让紫砂壶市场出现了很多造假的现象。衡量一把紫砂壶收藏价值高低的关键还是看艺术价值，并非一定是越老越好。收藏紫砂壶最忌贪便宜，现在市场较乱，名家的壶都有仿品，所以，刚起步的投资者，最好不要考虑名家作品，考虑自己的消费水平和承受能力，价位在2000～5000元一把的为宜。

"从新手到行家"系列丛书 (修订版)

《翡翠鉴定与选购从新手到行家》
定价：68.00元

《珍珠鉴定与选购从新手到行家》
定价：68.00元

《手串鉴定与选购从新手到行家》
定价：68.00元

《紫砂壶鉴定与选购从新手到行家》
定价：68.00元

《南红玛瑙鉴定与选购从新手到行家》
定价：68.00元

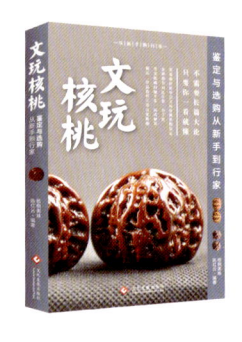

《文玩核桃鉴定与选购从新手到行家》
定价：68.00元

《宝石鉴定与选购从新手到行家》
定价：68.00元

《琥珀蜜蜡鉴定与选购从新手到行家》
定价：68.00元

《和田玉鉴定与选购从新手到行家》
定价：68.00元

内容简介

本书是综合性的艺术品鉴赏与投资的普及读物，收录了目前艺术品收藏市场中很活跃，也很有潜力的投资品种——紫砂壶，书中讲述了紫砂壶的起源和发展、收藏市场现状、鉴别特征、收藏技巧、投资技巧与保养技巧等内容，以便读者能够真正系统、全面地掌握紫砂壶收藏与投资的知识。在向广大读者展现中国紫砂文化博大精深的同时，也向广大读者介绍了众多的紫砂壶鉴赏方法和技巧，使读者能够以图识壶，是一本鉴赏、收藏和研究紫砂壶不可缺少的工具书。

作者简介

沈 泓

湖北江陵人，收藏家、作家。民间年画、老剪纸等十多项专题收藏的藏量居全国前茅。曾举办"抢救传统——沈泓木版年画收藏展"，新华社、人民日报、中央电视台、香港文汇报等各大媒体均有报道，产生较大反响。曾出版"寻找逝去的年画"丛书、"中国民俗文化"丛书、"民间图像中的中国民俗"丛书、"品年画读经典"丛书、"鉴赏与收藏"丛书、"中国民间收藏智库"丛书、"收藏创富"丛书、"新收藏品投资指导"丛书、"古玩收藏投资解析"丛书及长篇小说《收藏》《深圳闲人》等，多本著作入选法兰克福等国际书展，并在国外出版。

图书在版编目（CIP）数据

紫砂壶鉴定与选购从新手到行家 / 沈泓著. —北京：文化发展出版社，2016.6（2025.2重印）

ISBN 978-7-5142-1306-5

Ⅰ．①紫… Ⅱ．①沈… Ⅲ．①紫砂陶-陶瓷茶具-鉴别-中国 ②紫砂陶-陶瓷茶具-选购-中国 Ⅳ．① K876.3 ② F768.7

中国版本图书馆 CIP 数据核字（2016）第 069826 号

紫砂壶鉴定与选购从新手到行家

著　　者：沈　泓
责任编辑：周　蕾
责任校对：岳智勇
责任印制：杨　骏
排版设计：辰征·文化

出版发行：文化发展出版社（北京市翠微路 2 号　邮编：100036）
网　　址：www.WenhuaTazhan.com
经　　销：各地新华书店
印　　刷：北京博海升彩色印刷有限公司
开　　本：889mm×1194mm 1/32
字　　数：150 千字
印　　张：6
印　　次：2016 年 6 月第 1 版　2025 年 2 月第 8 次印刷
定　　价：68.00 元
ＩＳＢＮ：978-7-5142-1306-5

◆ 如发现任何质量问题请与我社发行部联系。发行部电话：010-88275710